2 g thym
2 g citron
2 cuill. [illegible]

[illegible]

[illegible]
[illegible]

Patrick Vigneau

La Sophrologie évolutive

Les Portes de l'éveil

Editions Quintessence

Du même auteur

Sophrologie et spiritualité, Une voie transpersonnelle, Éditions Quintessence, 2006.

Rue de la Bastidonne — 13678 Aubagne Cedex — France
Tél. (+33) 04 42 18 90 94 — Fax (+33) 04 42 18 90 99
www.editions-quintessence.com

ISBN 978-2-35805-031-9

Ce que nous appelons bonheur consiste
dans l'harmonie et la sérénité,
dans la conscience d'un but, dans une orientation positive,
convaincue et décidée de l'esprit, bref dans la paix de l'âme.
Thomas Mann

Les citations sans mention d'auteur sont de Nikos.

PROLOGUE

Il y aura bientôt 20 ans que j'ai eu la bonne fortune de vivre cette expérience. Cela se passa sur la petite île grecque de Patmos, connue parce que l'apôtre Jean y avait rédigé l'Apocalypse. C'était l'été. Les journées étaient chaudes. La mer d'un bleu magnifique apportait, le soir, une agréable fraîcheur.

Il y a mille bleus : des bleus pâles et des bleus foncés, des bleus verts, des bleus gris, et quantité d'autres nuances. Là, à Patmos, ce bleu marine de la Méditerranée avec le blanc laiteux des maisons, sur cette île aride, créaient une douceur de rêve. Je venais de passer plusieurs semaines chez un habitant de l'île, prénommé Nikos. Un homme âgé, simple et doux. Il pêchait, surtout par plaisir de se prélasser sur sa barque… Il accueillait, parfois, des étudiants et des étrangers qui s'arrêtaient là, en recherche intérieure.

Cet homme ressemblait à un sage, tel qu'on l'imagine avec une barbe blanche, un regard profond. Il émanait de lui une authentique sérénité. Sa voix était magnétique, elle attirait. Chaude et posée, elle résonnait dans la conscience, comme rappelant des émotions de souvenirs heureux. Par chance il parlait assez bien le français. Chaque jour je passais deux à trois heures avec lui, partageant parfois son déjeuner. Nous parlions de notre vie, et du chemin de la Quiétude.

À cette époque, je revenais d'un séjour en Inde, parmi les yogis. Je souhaitais visiter le Mont Athos, quand le hasard des rencontres me poussa sur cette petite île où vivait, m'avait-on dit, un homme sage : un pythagoricien.

Je ne savais presque rien de Pythagore, si ce n'est qu'il fut un mathématicien philosophe. J'appris par la suite qu'il était né à Samos, tout près de Patmos et que son enseignement s'était transmis dans des confréries très secrètes. Mais Nikos ne m'en parla précisément qu'une seule fois…

Ces journées à Patmos ont littéralement révolutionné ma vie.

Je fus instruit dans une discipline qu'il appelait « *hésychia* », que l'on peut traduire par « quiétude », « repos » ou « sérénité ». Dans l'hellénisme chrétien, l'hésychasme consiste en une méthode ascétique et mystique, « art des arts et science des sciences », qui est au cœur de la spiritualité orthodoxe. Il s'agit de désinvestir la conscience du flot des *logismoï* (images et pensées passionnelles) pour la « faire descendre » dans le « cœur », qui est le centre d'intégration de l'être total. L'hésychasme est souvent résumé à la pratique de l'invocation continuelle du nom de Jésus, mais il s'agit de beaucoup plus que cela. Il s'agit d'une voie spirituelle et initiatique qui vise la transfiguration de l'être. Elle s'appuie sur une méthodologie qui sollicite autant le corps que l'esprit. Chaque jour je pratiquais ces exercices, deux heures le matin, deux heures le soir dans ma chambre, et aussi dans la journée tout en vaquant à mes occupations.

Un matin, après avoir pratiqué les exercices de l'hésychia, quelque chose de surprenant se déroula. J'étais assis. Mon corps fut animé d'un balancement régulier, de droite à gauche. C'était étrange et agréable. Je sentis progressivement un picotement très fin s'élever du bas vers le haut du dos. Une grande paix emplit peu à peu tout mon être. Je pressentais que quelque chose d'inhabituel était en train de se passer lorsque ma conscience s'ouvrit soudainement à une dimension extraordinairement vaste et vibrante d'énergie. C'était très puissant et doux en même temps. Une joie extraordinaire emplit alors mon cœur et toute l'atmosphère autour de moi. Cette « qualité » lumineuse imprégnait tout. Ce n'était pas intérieur, ni personnel, « ma » conscience n'était plus limitée à mon corps… C'était partout. J'étais cette joie. Tout ce que mes yeux percevaient rayonnait de joie. Les objets étaient cette joie, les murs, le sol, l'extérieur qui était visible par la fenêtre, étaient cette joie… La conscience n'était pas limitée au corps, ni à la mémoire…

Et cela était naturel, cela était évident. C'est comme si « je » l'avais oublié et que cela réapparaissait maintenant. La conscience du moi n'était plus, et pourtant « je » n'avais pas disparu. Tout était lumière, joie, plénitude. Cela dura avec intensité jusqu'au soir, puis s'atténua progressivement les jours suivants. Je n'ai parlé qu'à Nikos de cette « expérience ». Elle m'apparaissait tellement éloignée des préoccupations ordinaires des personnes que je rencontrais, qu'il me semblait qu'on ne m'aurait pas compris.

Cependant, j'en gardais la trace vive dans ma conscience. Car quelque chose en moi avait été radicalement transformé, mais c'était comme un secret qu'il était difficile de partager. J'ai beaucoup réfléchi à cette expérience pour essayer de comprendre comment elle s'était produite. Nikos m'éclaira, et je lus aussi quelques livres décrivant des phénomènes semblables.

L'Hésychia

Je témoigne ici d'un vécu, et ne prétends pas avoir découvert quelque chose de nouveau, ni même d'extraordinaire. Il n'y a rien à croire. J'expose un récit de vie, un cheminement, une expérience qui est couramment appelée « éveil ».

Le mot « éveil » fait naturellement référence au sommeil. En effet, cette expérience est semblable à un réveil après le sommeil. Il y a un changement de réalité qui est du même ordre. Avec la prise de conscience qu'auparavant « on » dormait. Et cette prise de conscience est un vécu, ce n'est pas intellectuel. Cette réalité est plus vraie que la vie quotidienne éphémère. Non pas que le quotidien soit négligeable, bien au contraire (il a même pris une dimension nouvelle), mais cette lumière qu'habituellement nous ne percevons pas est en fait toujours là. Tout comme l'air que nous respirons sans le voir ni pouvoir le toucher.

Assez vite, je compris que l'éveil n'était pas lié à une technique. Il me semblait plutôt pouvoir déceler une sorte de processus évolutif. Néanmoins, je continuais la pratique de l'hésychia, que m'avait enseignée Nikos, non plus comme un exercice mais en tant qu'art de vivre au quotidien.

Un jour, je découvris dans un livre de relaxation le mot « *époké* ». Je connaissais ce mot grec, Nikos l'utilisait parfois quand il me parlait de l'hésychia. Je découvris alors qu'il existait une méthode qui se rapprochait étonnamment de tout ce que j'avais découvert en Grèce : il s'agissait de la sophrologie.

La sophrologie, tant au niveau des pratiques que de la philosophie, a de nombreux points communs avec l'hésychia. Et je pense que les sophrologues d'aujourd'hui ne savent pas encore tout ce à quoi ils peuvent avoir accès.

L'hésychia est une discipline psychospirituelle qui conduit à la Quiétude, mot signifiant : tranquillité mêlée de douceur, paix intérieure, apaisement, béatitude, bien-être, calme, repos, sécurité, sérénité. En sophrologie, on parle de *sophren* pour désigner cet état particulier de profonde et douce tranquillité.

Ce mot « quiétude » est peu utilisé, à l'inverse de son contraire : l'inquiétude qui est une émotion et une attitude très répandue.

« La quiétude est le langage de l'être. C'est en fait un terme pouvant remplacer celui de Dieu. Quand nous devenons conscients de la quiétude dans notre vie, nous sommes reliés à la dimension intemporelle et sans forme en nous, à ce qui est au-delà de la pensée, au-delà de l'ego. Il peut s'agir de la quiétude où baigne le monde de la nature ou de la quiétude dans votre chambre aux petites heures du matin, ou encore du silence entre les mots. La quiétude n'a pas de forme. C'est pour cette raison que nous ne pouvons en devenir conscients par la pensée, puisque la pensée est forme. Quand on est conscient de la quiétude, c'est qu'on est quiet. Et être quiet, c'est être conscient sans pensée. Vous n'êtes jamais plus essentiellement, plus profondément vous-même que lorsque vous êtes dans cet état. En fait, vous êtes qui vous étiez avant de prendre cette forme physique et mentale, que l'on appelle une personne. Vous êtes aussi qui vous serez une fois que la forme se sera dissoute. Lorsque vous êtes dans la quiétude, vous êtes qui vous êtes au-delà de votre existence temporelle, c'est-à-dire vous êtes la conscience sans forme, non conditionnée et éternelle. » (Eckhart Tolle.)

Notre essence profonde est Quiétude.

Tel est le sens de la démarche de l'hésychaste, tout comme celui du sophrologue, qui recherche l'harmonie de la conscience.

L'hésychasme est une discipline et un art de vivre qui recherche la Quiétude, c'est-à-dire une grande et profonde paix intérieure.

Historiquement, l'hésychasme se développa dans les régions de culture orthodoxe. Il peut être considéré comme une discipline initiatique. Mais l'hésychia est universel, il y a toujours eu des hommes et des femmes cherchant à découvrir en eux-mêmes un état de paix profonde. Et la grande valeur de l'hésychasme est d'être accessible à tous. Il s'agit d'une démarche d'intériorisation, qui répond à l'exigence d'être dans le monde sans en être, de chercher la paix en soi, en entrant dans « la chambre secrète » – le lieu du cœur.

L'hésychasme comme toute pratique psychocorporelle tend à développer en l'humain des capacités latentes que nous possédons tous en germe.

Un jour, Nikos me dit : « Aujourd'hui je suis plus sensible à l'invisible, à tout ce qu'il y a à l'intérieur… je vois la vie avec les yeux du cœur ».

À Patmos, je me suis consacré à cette discipline, de façon relativement intense. Je constatais qu'en quelques jours de pratique, beaucoup de choses changeaient en moi. Et le monde extérieur m'apparaissait sous un jour nouveau. C'était un peu comme si je passais d'une vision en noir et blanc à une perception en couleur. Le monde, les gens avaient toujours les mêmes formes mais je captais des subtilités nouvelles qui enrichissaient et émerveillaient mon regard. Je ressentais une sérénité extraordinaire qui me faisait aimer tout ce que je voyais.

Le but recherché par l'hésychaste est la Quiétude. Elle s'acquiert par l'ouverture du cœur, organe symbolisant l'amour ainsi que des valeurs de bonté, de bienveillance, de partage, de générosité… Le pratiquant focalise son attention sur le cœur pendant qu'il se concentre parallèlement sur la posture et le souffle. On rejoint là certaines formes de méditation orientale. Le corps, la respiration, la posture, l'éveil sensoriel et l'attitude mentale interviennent en un tout harmonieux conduisant à une relaxation psychocorporelle, puis à la méditation.

La spécificité de l'hésychasme est sa focalisation sur le cœur et la récitation verbale d'un mot choisi ayant un fort potentiel symbolique pour le pratiquant. La répétition du mot a pour objectif de faire cesser l'agitation mentale et d'éveiller la conscience vers des dimensions positives, harmonieuses et spirituelles.

Pour bien cerner l'hésychasme, il ne faut pas y voir uniquement une pratique religieuse, mais une méthode de développement de soi qui amène le pratiquant à une unité corps-esprit. Et selon nos conditionnements culturels, cette pratique peut se teinter de religion. Si tous les textes traditionnels consacrés à l'hésychasme se trouvent appartenir à la tradition orthodoxe, Nikos m'affirma cependant qu'il existait une tradition orale laïque bien vivante. Nikos était plutôt un philosophe, ou un sage totalement ancré dans la vie. On imagine souvent un philosophe comme un grand penseur, maniant bien les idées. Nikos aimait la sagesse, c'était sa même passion. Mais il répétait continuellement que les idées doivent s'incarner. Être sage a plus à voir avec le comportement qu'avec les idées. La sagesse est une façon de se nourrir, de gérer son temps, de prendre soin de son corps, de savoir se détendre pour se ressourcer, d'établir des relations harmonieuses… La sagesse est un art de vivre.

La conscience se déploie dans un corps dont nous ne connaissons pas encore toutes les possibilités. Comme dans le zen, le yoga ou la sophrologie, le pratiquant passe par une phase de relaxation psychosomatique, liée à la régulation de la respiration, qui active le système lymphatique et la production d'endorphine. Mais ce qui est recherché est une prise de conscience de l'ego et de tous ses conditionnements, afin d'accéder à la réalisation d'une totale unité psychique dénommée le soi. Cet état d'unité offre les caractéristiques du dieu intérieur dont parle l'hésychasme, de manière symbolique. Carl Gustav Jung considérait les hésychastes comme les premiers psychologues d'Occident.

« L'hésychaste, dans le vrai sens du terme, n'est pas celui qui a séjourné extérieurement au désert, mais celui qui a voyagé à l'intérieur de son propre cœur. Il n'est pas celui qui s'est coupé physiquement des autres, fermant la porte de sa cellule, mais celui qui est retourné à l'intérieur de lui-même, pour mieux aimer les autres. » (Kallistos Ware.)

Les traités sur l'hésychia affirment que les fruits de cette pratique sont la « vision de la lumière ». Les hésychastes expérimentent généralement la perception d'une lumière : la « Lumière incréée » dont parle Grégoire Palamas.

Des années plus tard, en pratiquant une période intensive de sophrologie en Bretagne, je revécus pleinement une expérience de la même intensité que celle vécue sur l'île de Patmos. Ce fut beau. Et cela dura, cette fois-là, environ quatre jours, avant que je ne retrouve un état « ordinaire » qui me permettait d'être à nouveau totalement ancré dans le quotidien. Quoique cet état affleure maintenant de façon permanente à la conscience, il y eut une mutation de conscience qui conduisit à quelque chose que l'on pourrait qualifier d'authentique, de vrai, d'originel.

Dans cet état, le temps semble alors arrêté, il n'y a aucun manque, aucune peur, plus rien à atteindre. En fait, tout ce qui constitue l'ego n'est plus là, si ce n'est seulement comme une mémoire qui permet d'utiliser des mots par exemple. La souffrance et l'insatisfaction disparaissent. Une légèreté, un ravissement, une joie continue emplissent la conscience. Je me souviens avoir alors pensé, avec une sorte d'innocence enfantine, en voyant les autres participants à ce stage : « Mais pourquoi ont-ils l'air si triste, pourquoi ne voient-ils pas que la vie humaine n'est qu'un jeu ? ». Je les voyais enfermés sur eux-mêmes. J'avais envie de les aider à voir clair, mais pourtant, en même temps, paradoxalement, tout apparaissait à sa juste place. C'est comme si tout était parfait, mais que nos consciences ne le perçoivent pas ordinairement. Cependant, dès que la conscience s'éveille, ce rêve prend fin.

Seul demeure un ravissement. Il est vrai que la conscience perçoit un état de plénitude qui est intensément réel, mais il m'a semblé qu'« on » ne peut rester dans cet état, car le corps ne mange plus et les activités de l'ordinaire sont aisément négligées. La conscience n'étant plus attachée au corps.

Je me forçais donc à manger, ressentant que cela m'aiderait à rester les pieds sur terre. Cependant, il se passa une sorte de mutation de la conscience. Quelque chose était profondément changé. Je repris le cours habituel de la vie, avec une totale disponibilité à l'instant, et une créativité intensément éveillée.

Je décidais par la suite d'explorer et d'approfondir la sophrologie. Ayant une bonne connaissance de quelques yogas et une riche expérience de l'hésychia, je découvris que la sophrologie pouvait se poser en voie d'éveil et méthode de Quiétude.

Et en essayant d'analyser tout le processus qui conduisit à l'éveil, je reconnus que tout avait commencé pour moi par cette recherche de paix intérieure.

Jeune, j'avais un tempérament inquiet. Et un jour, suite à un échec à un examen, uniquement dû au stress, je décidai de remédier à ce problème. Ce fut d'abord le yoga, qui me conduisit à l'hésychasme, puis à la sophrologie.

Je commençais des cours de yoga. Puis suite à un grand drame où ma vie s'écroula, je partis alors en Inde, trois mois. Expérience forte où je touchais à la fois la profondeur et la hauteur de l'humain. Rencontre avec les yogis et les sadhous, avec la misère et la beauté. Séjours en ashrams, vie simple, sans électricité, où l'on va puiser l'eau au puits, où les problèmes de survie côtoient les plus hautes réflexions existentielles.

Peu avant de rentrer, je rencontrai un drôle de pèlerin, un peu sage un peu fou, qui me conseilla d'aller en Grèce dans un monastère du Mont Athos.

Mais n'étant pas pressé, je me rendis d'abord sur deux petites îles grecques : Samos et Patmos, sans trop savoir pourquoi. Simplement parce que je tombais sur un guide qui en parlait, juste avant de changer mes billets d'avion. Tout cela se fit simplement, naturellement, sans que j'y réfléchisse ni ne prépare à l'avance quoi que ce soit. Il n'y eut aucune place pour des hésitations ou de l'inquiétude.

L'In-Quiétude

Pour bien comprendre ce qu'est la Quiétude, définissons d'abord ce que nous connaissons mieux – l'inquiétude :

- agitation d'esprit ;
- inconstance d'humeur qui fait qu'on demeure insatisfait de ce qui est ;
- agitation pénible et douloureuse que cause une crainte quelconque.

« L'inquiétude est une route qui ne mène nulle part », disait un sage. Et pourtant l'inquiétude est une route bien fréquentée.

Qui n'est pas victime de temps à autre d'inquiétude ? C'est un phénomène naturel. Qui peut devenir très négatif lorsqu'il se répète souvent et qu'il conduit à la panique.

Et avec un peu d'objectivité, on se rend compte que l'inquiétude est, la plupart du temps, disproportionnée par rapport à la situation réelle.

Parfois des personnes inquiètes n'ont pas plus de raison de se faire du souci que les autres, mais elles réagissent différemment aux mêmes situations. La paix de l'esprit ne vient donc pas d'une vie dénuée de risque (ce qui est illusoire. Car même dormir dans un lit est dangereux. Beaucoup de décès ont lieu dans un lit !). Mais plutôt d'une attitude mentale adéquate par rapport aux situations susceptibles de créer de l'inquiétude. L'attitude mentale est essentielle.

C'est pourquoi toute recherche spirituelle authentique doit conduire à une disparition de l'inquiétude.

Examinons comment se manifeste l'inquiétude. Tout d'abord par une pensée compulsive. « Parfois je me sens angoissée de ne pas être inquiète », disait une amie. L'inquiétude ou trouble d'anxiété généralisée commence à être étudiée par les scientifiques. Il est dit que ce problème frappe beaucoup de gens en France. Des médecins et psychologues étudient les causes de ce mal étrange et cherchent des façons d'aider ceux qui en souffrent. Il est vrai qu'il n'y a pas de remède miracle, sauf pour ceux qui se contentent de pilules.

Tout le monde s'inquiète. C'est dans la nature du mental disent les yogis. Et ce ne sont pas les sujets d'inquiétude qui manquent. Mais, pour environ 12 % des gens, l'inquiétude est un vrai cauchemar. Autrefois, on disait de ces gens qu'ils étaient de grands nerveux, des angoissés ou des névrosés, qu'ils s'inquiétaient pour tout et pour rien, qu'ils se faisaient continuellement du souci, qu'ils étaient nés comme ça et qu'il n'y avait rien à faire. Aujourd'hui, on reconnaît qu'ils souffrent du trouble d'anxiété généralisé (T.A.G.). Et les psychologues, estiment qu'il y a quelque chose à faire pour eux.

Nous savons que l'anxiété « acceptable » verse du côté « pathologique » lorsque les inquiétudes sont excessives, difficiles à contrôler, fréquentes, et qu'elles interfèrent avec le fonctionnement normal d'un individu. Quand elles commencent à s'inquiéter, les personnes souffrant de T.A.G. sont parfois incapables de s'arrêter. Elles ne cessent d'imaginer tous les scénarios possibles, toutes les situations qui pourraient survenir.

L'incapacité de contrôler leurs inquiétudes entraîne une détresse physique chez les gens souffrant de T.A.G., ce qui les amène éventuellement à consulter leur médecin pour des problèmes de sommeil, de fatigue chronique, de tensions musculaires et d'irritabilité.

L'inquiétude s'accompagne de symptômes physiques, en particulier :

Fatigue, hyperactivité, maux de tête, troubles digestifs, contractions musculaires, irritabilité, transpiration, flashs de chaleur, étourdissement, besoin d'uriner fréquemment, difficulté à se concentrer, endormissement difficile, besoin de beaucoup dormir parce que le sommeil n'est pas réparateur…

Les inquiets sortent du cabinet du médecin avec une prescription de médicaments contre l'anxiété (valium, ativan, librium) qui soulagent les symptômes sans s'attaquer aux causes du problème.

Les études ont permis notamment de dégager certaines caractéristiques propres aux personnes sujettes à l'inquiétude. Ces personnes croient en toute bonne fois que s'inquiéter permet de prévenir les événements malheureux, de diminuer la culpabilité au cas où surviendrait un incident et d'éviter d'être déçu. Elles savent que l'inquiétude ne permet pas de trouver de meilleures solutions à leurs problèmes. Mais elles voudraient quand même contrôler les événements, et n'y arrivant pas, il se produit de l'inquiétude.

Par ailleurs, il a été constaté que les gens inquiets s'habituent à leur inquiétude et s'y attachent même, comme à une sorte de besoin.

Une grande constante se dégage. On observe que les gens inquiets et ceux souffrant de T.A.G. ont une grande intolérance à l'incertitude. Ils ne supportent pas de ne pas tout contrôler. Et ils sont très exigeants dans certains domaines très précis qu'ils estiment essentiels pour le bon ordre de leur vie. Ils peuvent être maniaques, phobiques, rigides...

L'un des traitements psychologiques contre l'anxiété s'attaque justement à cet aspect en leur apprenant tout d'abord à se relaxer et à lâcher prise quant à la rigueur de leurs exigences.

L'inquiétude est donc liée à un conditionnement lié à l'éducation, entretenu par le mental. Elle se manifeste comme une pensée involontaire et compulsive, qui est le fruit de notre histoire personnelle. Ainsi, nous voyons et jugeons le présent à travers les yeux du passé et nous en avons une vision totalement déformée, subjective. L'inquiétude monopolise notre énergie et sabote notre aptitude à bien répondre à une situation.

Mais la bonne nouvelle, c'est que nous pouvons nous libérer de l'inquiétude. Parmi tous les « trucs » que proposent les psychologues, nous retrouvons la nécessité de la vigilance. Ce que l'hésychiasme appelle la garde du cœur.

Car l'inquiétude se gère. Tout comme on apprend à vaincre la force de gravité lorsque, petit enfant, le corps se relève pour marcher sur deux jambes, de même on apprend à vaincre l'inquiétude par un entraînement mental.

L'inquiétude n'est pas inscrite dans nos gènes. Elle résulte à la fois d'une éducation familiale insécurisante et d'un manque de contrôle mental. Or tout ceci peut être rééduqué.

Prêtez particulièrement attention aux schémas de pensée répétitifs, à ces vieux disques qui jouent et rejouent les mêmes chansons dans votre tête. Exercez-vous à observer l'inquiétude, c'est ce que nous apprend la méditation : développer l'attitude du témoin : celui qui observe.

Lorsque vous observez, faites-le objectivement, c'est-à-dire sans juger, ni commenter. Ne dites pas : « Ça ne devrait pas être là ».

Observez, écoutez en vous-même, c'est tout. Vous prendrez bientôt conscience qu'il y a en vous : la voix de l'inquiétude et aussi une partie de votre conscience qui écoute et qui observe. À ce moment-là, une nouvelle dimension entre en jeu. Pendant que vous observez l'inquiétude, vous sentez une présence. C'est votre moi profond appelé aussi le témoin.

Cette prise de conscience, permet de prendre du recul, et de ne pas s'identifier à l'inquiétude. C'est le premier pas : considérer que l'inquiétude n'est qu'un mécanisme mental.

Elle perd alors son pouvoir sur vous. En ne vous identifiant plus à elle, vous n'alimentez plus le mental. Et l'inquiétude perd de son intensité. En s'exerçant de la sorte, vous perfectionnez votre aptitude à vous libérer de l'inquiétude.

Avec le temps et l'expérience, une sensation de calme et de paix s'approfondira. Vous sentirez également une joie délicate émaner du plus profond de vous, celle de l'Être. Ainsi, le premier pas à faire est d'apprendre à se dissocier du mental. Chaque fois que vous créez une pause d'observation dans le courant de vos pensées, la conscience s'élargit, la présence s'intensifie.

Il se peut même que vous vous surpreniez un jour à sourire en entendant cette voix de l'inquiétude qui parle en vous, comme vous souririez devant les pitreries d'un enfant. Ceci veut dire que vous ne prenez plus autant au sérieux le contenu de votre mental.

Car le grand secret est de ne pas être identifié à ce qui se passe dans le mental.

Alors vous vous sentirez libre. Et cela est une expérience merveilleuse.

Nikos a dû souvent s'amuser à voir mon stress et mon inquiétude. Son « enseignement » sur l'hésychia, je le compris plus tard, consistait souvent à m'éclairer sur la futilité de l'inquiétude. « L'inquiétude ne donne rien de bon » disait-il. Son enseignement n'avait rien à voir avec celui d'un maître d'école philosophique. Son école, c'était la vie quotidienne. Bavardant facilement, il arrivait toujours à ramener toute discussion sur la recherche de la paix et du bonheur. Ce qui implique une libération de l'inquiétude.

Cette libération peut commencer à se réaliser plus facilement après avoir appris à se relaxer. Car la relaxation est vraiment la base d'une saine hygiène physique et psychologique. L'inquiétude crée du stress, il ne peut y avoir d'inquiétude sans stress. Et donc en maîtrisant le stress, nous ne donnons pas prise à l'inquiétude. Et la vie devient plus agréable.

En Grèce, on voit partout les hommes avec des petits chapelets dans les mains appelés *komboloï*. J'ai demandé à quoi cela servait : il y a eu deux types de réponses. Pour certains, c'est un « outil » de prière, comme les *malas* en Inde, pour d'autres, il s'agit uniquement d'un « outil » de relaxation, pour passer ses nerfs. Certains affirment même qu'on peut s'en servir pour arrêter de fumer. Il est vraiment étonnant de trouver ce petit chapelet en vente partout, dans les kiosques et toutes sortes de magasins. Presque tous les Grecs en ont plusieurs chez eux, et souvent un dans la main, qu'ils soient au café ou à l'église.

La relaxation est vraiment un grand bienfait. Non seulement pour notre bien-être intérieur, mais aussi pour mener une vie relationnelle plus agréable et plus épanouissante. L'hésychia, tout comme la sophrologie, commence par la pratique de la relaxation ; ce qui apaise le cœur.

« Si tu veux être heureux, apprends à garder ton cœur dans la paix, si l'inquiétude peut te conduire en enfer, la quiétude peut t'élever au Paradis ».

Se relaxer libère de l'inquiétude. « Tout le but de la pratique est de détourner l'énergie qui alimente l'inquiétude pour nourrir l'attention pure », disait un sage tibétain. Cette compréhension est essentielle pour ne pas s'attacher à la technique en tant que telle.

Je me suis longtemps entraîné à cet exercice d'éveil de l'attention. D'abord en pratiquant le yoga, puis l'hésychia, et enfin la sophrologie évolutive.

L'attention est un véritable pouvoir qui enrichit notre vie.

La Relaxation

Je crois que ce fut ce qui me marqua le plus, la première fois que je vis Nikos : son allure calme, tranquille, relaxée. Il rayonnait de lui une grande sérénité et cela se voyait à distance dans sa façon de se déplacer, de prendre son temps, comme si chaque geste méritait une parfaite application.

Évoquer la relaxation implique de comprendre ce qu'est le stress (mot signifiant tension ou contrainte en anglais). Le stress est donc une perturbation physiologique et psychique provoquée par des agents agresseurs, ou vécus comme tels. Le stress est aussi la pression que l'on ressent face à un ensemble de forces qui font pression (rythme de vie, influences sociales, émotions...).

Il me semble que toute recherche d'éveil de la conscience nous rend plus attentif à toutes les petites manifestations de stress. Celles-ci deviennent importantes pour la connaissance de soi. Qui veut développer sa paix intérieure doit inévitablement apprendre à être plus à l'écoute de ce qui se passe en lui-même, et en particulier aux manifestations du stress.

Le stress fait partie de nos réactions naturelles de survie. Il est bénéfique pour la personne qui doit passer à l'action, dans le cadre du sport par exemple. Mais nous connaissons aussi des situations où le stress nous paralyse ou bien nous rend agressif. Nous aurons tendance, soit à exploser, soit à contenir et enfouir la tension. Mais celle-ci sera toujours présente et active dans l'inconscient et produira des effets fortement indésirables.

Lorsqu'il se répète trop souvent il peut conduire à un épuisement s'il n'est pas compensé par de véritables périodes de ressourcement. Le stress, en s'accumulant rend le corps plus vulnérable à la maladie. Une hormone, le cortisol, produite par des tensions répétées, fragilise la conscience et favorise l'apparition de la dépression nerveuse.

Ce qu'il est nécessaire de comprendre, c'est que le stress a essentiellement sa source dans l'esprit. Vous avez probablement joué, étant petit, à marcher sur la bordure d'un trottoir. Cette bordure fait peut-être 10 cm, et cela est amusant de s'exercer à ne pas la dépasser. On peut y arriver facilement. Imaginez maintenant faire la même chose sur une planche à 5 m de hauteur ; immédiatement un stress se manifeste en vous. Et la tâche paraît plus ardue. Notre mental en anticipant une chute va créer un stress qui va nous rendre la tâche beaucoup plus difficile.

Une étude dans les états anglo-saxons révélait, en 1985, que près de la moitié des consultations chez le médecin résultait du stress. Certains pays ne s'y sont pas trompés, et des séances de sophrologie y sont remboursées par les systèmes de sécurité sociale. La relaxation est une véritable hygiène pour l'individu d'aujourd'hui, soumis à tant de pressions.

Mais la sophrologie est plus que la relaxation. Elle a pour fonction de soigner. Car la santé passe aussi par l'épanouissement de la personnalité. La sophrologie, tout comme l'hésychia, permet d'agir à un niveau subconscient, c'est cela qui constitue son grand intérêt. Elle a des effets thérapeutiques préventifs et aussi curatifs. Elle réactive les processus naturels d'autoguérison. Des études scientifiques ont prouvé depuis longtemps que la détente, musculaire et cérébrale, renforce le système immunitaire et réharmonise les structures psychologiques. On peut se demander pourquoi cette réalité n'est pas mieux intégrée par les médecins.

Ajoutons que la sophrologie a également un aspect pédagogique. Elle propose une méthodologie de préparation et d'entraînement mental, simple et efficace. J'ai souvent observé qu'il suffit parfois de peu de chose pour permettre aux élèves de réussir leur année scolaire ou leurs examens. Beaucoup d'échecs ne sont dus qu'au stress. Pourtant les enfants apprennent très vite à se détendre, à visualiser, à positiver. Il est très utile de leur transmettre cela dans l'éducation.

La sophrologie est aussi utilisée, notamment par les sportifs afin d'améliorer les performances, telles que la motivation, la confiance en soi, l'adresse, la maîtrise, etc. J'ai rencontré des skieurs, footballeurs, tennismen et parachutistes de compétition qui avaient suivi des préparations avec la sophrologie, non pas pour éliminer le stress, car les sportifs ont besoin de stress, c'est ce qui les rend aussi compétitifs, mais pour le gérer positivement.

Si bien qu'on parle parfois de stress positif et de stress négatif. Rappelons que le stress exprime l'état réactionnel d'un organisme soumis à l'action d'un excitant quelconque.

Le stress positif est un stress recherché, provoqué, alors que le stress négatif est un stress que l'on subit, d'ailleurs souvent inconsciemment.

Le premier répond à un besoin. Il est nécessaire à l'homme pour se différencier. Il s'accompagne généralement d'une mobilisation des forces physiques et psychiques, pour une valorisation de la personnalité (cas des aventuriers, des cadres en général, des jeunes attirés par les fêtes foraines et la recherche de sensations fortes). Le second, le négatif, nuit à la personne et joue plus particulièrement sur la santé et le moral.

La relaxation est une nécessité, elle nous permet de rééquilibrer nos énergies physiques et aussi mentales. Elle produit un bien-être corporel très appréciable, nous fait revenir à un calme émotionnel et procure une tranquillité cérébrale. Tout organisme, pour fonctionner en harmonie, a besoin d'équilibrer activité et repos. Toute personne pour se sentir bien doit savoir bien gérer son stress. Toute démarche de connaissance de soi nous rend plus attentif au stress. Il est vital de savoir se ressourcer efficacement. L'activité cérébrale intense, les problèmes relationnels continuels, les rythmes de vie trépidants altèrent le sommeil et la récupération mentale. Il est indispensable de développer des comportements plus conscients, et de pratiquer des exercices de relaxation adaptés à nos conditions de vie. Il est aussi judicieux de cultiver une vision du monde et un schéma existentiel positifs. L'art de la détente nous apprend à évacuer le stress « inutile » et nous fait ressentir un vrai bien-être. Lorsque l'esprit est en paix, notre réponse aux défis de la vie devient plus juste et plus efficace. Cela se vérifie autant dans nos émotions, nos monologues intérieurs, que dans nos relations avec les autres ! Étant plus en paix, nous gérons mieux nos relations avec les autres.

Les effets de la relaxation et de l'apaisement mental sur la santé sont parfois étonnants. En effet le stress perturbe les bons fonctionnements du corps : les troubles du sommeil et du système digestif en sont souvent les premiers signes. Trop de stress affaiblit notre système immunitaire, et déséquilibre les fonctionnements hormonaux. Inversement le calme permet au corps de se régénérer. Des douleurs disparaissent lors des séances de sophrologie : maux de tête, mal de dos... L'influence du psychisme sur le corps est une réalité évidente dont beaucoup témoignent régulièrement.

Dans l'état de relaxation profonde, nous nous déconnectons des stimulations du monde extérieur. L'apaisement musculaire et nerveux permet de retrouver des sensations agréables et un sentiment positif d'être soi. Mais surtout, et c'est ce qui nous intéresse, elle permet un accès à l'inconscient.

C'est l'inconscient qui orchestre tout ce qui se passe dans notre corps, et qui gouverne aussi l'essentiel de notre vie psychique. Nous constatons bien souvent à quel point les pulsions sont plus fortes que la raison. Et nous savons bien que le corps a une « sagesse autonome » indépendante de notre volonté.

En effet, la pensée consciente peut rarement maîtriser les émotions fortes. De même, les peurs ne sont pas dominées par la volonté. Il y a en nous des espaces de conscience qui échappent à notre contrôle. C'est le domaine inconscient. De par sa nature, celui-ci est mystérieux, mais nous pouvons apprendre à en observer les manifestations et l'apprivoiser.

À Patmos, je m'aperçus que je me retrouvais souvent dans des situations de stress. Nikos était très doué pour créer les situations adéquates. Je me découvrais beaucoup plus inquiet que je ne l'imaginais.

Aujourd'hui je comprends que ce qu'il faisait correspondait à une réelle pédagogie. Il avait l'art de me « tester ». Une grande partie de son enseignement consistait à me montrer mes limites et aussitôt après m'indiquer des possibilités pour dépasser ces limites. Mais je ne le voyais pas sur le moment. Et je me croyais souvent complètement démuni. Si bien que parfois je lui en voulais, comme si c'était lui le responsable de mon stress.

Cependant une fois le stress passé, je me rendais compte à chaque fois que je m'étais inquiété pour trois fois rien.

Je me souviens d'une fois où il m'annonça le midi, qu'en soirée il recevrait des amis auxquels il avait dit que j'allais chanter quelques chansons françaises. Ce n'était pas grand-chose en soi, mais cela me mit tout l'après-midi dans un état d'inquiétude qui fit que je ne pus rien apprécier du repas, de la plage, de la nature, et de tout ce qui enchantait mes journées précédemment.

Une seule question emplissait ma conscience : comment résoudre ce défi ? D'abord, je pensais à fuir. Me dérober en ne venant pas à l'invitation. Non, pas très poli. Je sentis même l'envie d'être un peu malade, juste ce qu'il faut, et chose étonnante, lorsque j'évoquai cette possibilité je sentis légèrement comme un mal de tête qui se manifestait. Mais cela ne me convenait pas non plus. En fait, je devais assumer, mais quelle chanson choisir : je n'étais pas du tout chanteur et à part quelques comptines de mon enfance je ne connaissais aucune chanson. J'écoutais alors essentiellement de la musique anglo-saxonne.

Donc, après avoir bien goûté tous les « plaisirs » de l'inquiétude, quel ne fut pas mon soulagement le soir venu, de constater que ce furent les invités qui chantèrent, et exclusivement en grec ! Sans nullement penser à me demander quoi que ce soit.

« Dans ma vie j'ai connu beaucoup de problèmes... dont la plupart ne sont jamais arrivés. » (Mark Twain.)

Être attentif à la montée du stress permet de bien le gérer rapidement. Alors la conscience peut demeurer dans la quiétude. Être conscient est la clé pour ouvrir la porte du royaume de la Quiétude. « L'inconscience mène à l'inquiétude ».

Pendant une retraite de sophrologie, nous nous exerçons à éveiller l'attention : attention à ce qui se passe à l'extérieur, et attention à ce qui se passe à l'intérieur du corps. Les sensations naturelles du corps peuvent devenir source d'un véritable plaisir : l'odorat, l'ouïe, la vue, le toucher, le goûter, sont des stimulations que l'on affine et qui élargissent la conscience.

Apprendre à ressentir fut pour moi un grand bienfait. Un moyen très simple de se libérer de l'hyperactivité mentale, source de stress. Ressentir l'énergie circulant dans le corps est très agréable. Le corps devient alors pleinement vivant. Et l'intensité de cette vivance est réellement jouissive. Ces sensations de bien-être peuvent emplir la conscience jusqu'à un point où l'ego disparaît. Seule demeure en plénitude l'état de *sophren*, la Quiétude.

Et c'est l'attention qui permet l'ouverture de la conscience. Là réside la clé du processus d'éveil de la sophrologie.

La Sophrologie

Ce qui m'a séduit dans la sophrologie c'est sa simplicité. Tout le monde, même un enfant, peut la pratiquer facilement et l'intégrer dans sa vie quotidienne.

Technique psychocorporelle de premier plan, sans idéologie, sans ésotérisme, juste mon corps et moi, juste le silence et le présent, le toucher de mon pied sur un tapis soyeux, ma respiration, cet air que je prends et rends sans cesse et me rattache à l'instant présent, cet espace de vie où je peux laisser venir à moi les sensations après les avoir invitées à me rencontrer.

La sophrologie a des origines grecques et indiennes. C'est une méthode qui s'intéresse à l'harmonisation de la conscience. Basée sur la relaxation, pour un mieux-vivre au quotidien, elle expose ainsi une sagesse, un art de vivre.

Le mot « sophrologie » vient de racines grecques :

Soph = tranquille, serein

Phren = enveloppe, cerveau, conscience, cœur

Logos = étude, science, verbe

Sophia = sagesse

Sophrosyné = harmonie

Sophroniste = (en Grèce) magistrat chargé de rendre sage, prudent.

On peut donc dire que la sophrologie est l'étude de la Conscience pour aller vers la sagesse, l'harmonie, le bonheur, l'éveil. Science de l'équilibre de la conscience, elle nous invite à la santé (corps) et à la sérénité (esprit) par une meilleure connaissance de soi. La devise de la sophrologie est justement : *ut conscientia noscatur*, « afin que la conscience soit connue ». Et le symbole du Collège International de

Sophrologie Médicale affirme le lien indivisible de la nature humaine sur les trois plans de conscience : physique, psychique, spirituel.

La sophrologie propose une méthodologie à visée thérapeutique. Basée sur l'attention, la respiration, la détente musculaire, la visualisation et la gestion dynamique de la pensée, elle permet de retrouver un meilleur équilibre physique, énergétique et psychologique.

La sophrologie dispose d'une méthodologie structurée et d'un fondement théorique médical. Les développements nouveaux de la sophrologie sont regroupés sous la dénomination « évolutive ». La sophrologie évolutive étudie tous les dynamismes de la conscience, et particulièrement les dimensions psychologiques, relationnelles et existentielles. Elle rappelle que nous sommes des êtres de relation. La sophrologie se doit de tenir compte de cette dimension car les relations humaines tiennent une grande place dans la conscience.

La sophrologie insiste sur la responsabilité de la personne dans la mise en place de sa vie relationnelle et dans sa capacité à changer. Avec une aide compétente et une méthode éprouvée, toute personne peut retrouver un bien-être, un plaisir de vivre. D'une façon originale, la sophrologie évolutive étudie les dimensions existentielles de l'être, ses valeurs, ses projets et leur cohérence.

Particulièrement, elle cumule les avantages d'être une méthode de maîtrise des mouvements de l'esprit, et aussi d'attention aux comportements relationnels.

Chacun de nous a mis en place des mécanismes psychologiques afin de nous protéger de ce qui nous dérange. Ces mécanismes furent certainement utiles à un moment donné. Mais se révèlent plus tard être un frein à notre développement. Ils constituent alors des conditionnements qui nous enferment dans des attitudes répétitives.

Il est essentiel de découvrir ces conditionnements et d'agir pour s'en libérer. Notre bien-être en dépend. Ce sont nos conditionnements qui nous enferment dans des insatisfactions et des problèmes relationnels. Il importe d'en devenir conscient. Toute démarche vers le mieux-être va éveiller notre vigilance. C'est un processus qui n'est pas limité à certaines heures de la journée. Il s'agit d'être avec « ce qui est », sans résistance et sans commentaire. Observer, ressentir, voir clairement ce qui est, permet de ne plus s'y identifier et de s'en libérer.

Sans cette vision exempte de déformation, pas de possibilité de se comprendre et pas de chance de provoquer un changement radical dans les consciences. On ne peut voir clair qu'en développant l'attention. Et avec du recul, je pense qu'une grande partie de ma pratique de l'hésychia consistait à développer mon attention.

Une personne libérée de ses conditionnements développe naturellement une bienveillance une ouverture et une « compétence » relationnelle qui lui permettent de résoudre les conflits avant qu'ils n'éclatent en guerre.

La sophrologie est aussi un art car elle éveille la sensibilité en apprenant à ressentir la beauté et l'harmonie intérieure. Selon Platon, l'art est une recherche du beau et de l'harmonie. Kant définit l'art comme une recherche de la Beauté qui s'enracine dans l'unité profonde de la personne humaine. Je pense que nous devons en tant que sophrologue considérer notre vie comme un art.

La sophrologie ne se limite pas à une « mécanicité » de la conscience, ni à un ensemble de techniques. Elle éveille les facultés créatrices et intuitives de la conscience, ainsi qu'une esthétique de la parole, et aussi des qualités d'empathie et de bienveillance.

La sophrologie est bien un art de vivre. Art vient du latin *Ars, artis* attribué autant à l'artisan qu'à l'artiste. Ces mots ont été synonymes jusqu'au XVIIe siècle. Par la suite, le mot « artiste » s'est appliqué à ceux qui œuvraient dans une recherche de plaisir et d'esthétique, alors qu'« artisan » a été lié à une production dans le cadre d'un métier.

Aujourd'hui la sophrologie n'est pas une discipline figée, de nombreux sophrologues apportent leur contribution à son évolution, à mesure que la conscience et ses phénomènes sont mieux connus.

Sources historiques

Mais d'où vient la sophrologie ? Derrière ce mot, il y a une histoire très ancienne. Une histoire qui remonte peut-être au début des temps : dans la Bible, Dieu crée par la parole, et plonge Adam dans « un profond sommeil » afin de lui enlever la côte qui lui permet de créer Ève !

Nombreuses peuvent être les significations symboliques de ces textes. Mais en ce qui nous concerne, notons que le fait de « créer par la parole » et « de plonger dans un profond sommeil » font écho à notre pratique.

Nous savons que dans la Grèce antique, la pratique « médicale » pour soigner les blessures était toujours accompagnée de la parole incantatoire destinée à soulager, consoler et rendre efficace les remèdes. Dans *L'Iliade* et aussi dans *L'Odyssée*, Homère décrit des situations où la voix et l'incantation guérissent des blessures. Il évoque la parole à but thérapeutique, avec le *terpnos logos*.

Platon évoque aussi le *terpnos logos* comme une parole douce et monotone, agissant autant sur le psychisme que sur le corps, et créant un état de calme qui favorise la santé. Dans le sanctuaire d'Asclépios, dieu de la médecine, il existe les restes d'un hôpital où les malades étaient soignés pendant quarante jours. Après les bains, ils étaient allongés dans une sorte de rotonde où, pendant qu'ils étaient dans un état entre veille et sommeil, des prêtres médecins venaient murmurer derrière leur tête, par des trous percés dans le mur, des paroles de guérison.

Nous trouvons chez Platon la définition des bases d'une « psychothérapie verbale » dans un dialogue entre Socrate et le jeune Charmide. Ce dernier souffre d'un violent mal de tête et Socrate accepte de le soigner au moyen d'une plante et d'une « incantation ». « Il ne faut pas traiter la tête sans la psyché. Tous les maux et tous les biens pour le corps de l'homme tout entier viennent de la psyché. C'est donc avant tout la psyché qu'il faut soigner si l'on veut que la tête et tout le corps soient en bon état. Or la psyché se soigne par des incantations [...]. Je lui dis que c'était une plante, qu'au remède cependant se joignait une incantation et que, si l'incantation était simultanée à l'emploi du remède, celui-ci vous rétablissait radicalement en bonne santé, mais que, sans l'incantation, l'utilité de la plante était nulle. » (Socrate.)

Pythagore recherchait l'harmonie dans tous les domaines de la vie : corps, esprit, vie relationnelle... et en faisait l'essence de la vie.

En Chine, certaines pratiques telles que le *chi kong* et le *taï chi* opèrent sur les mêmes principes essentiels : relaxation, attention, concentration sur les mouvements, sur les sensations et sur l'énergie interne.

Le Dr Caycedo, neuropsychiatre, présenta la sophrologie dans sa forme moderne, en 1960. Il s'est inspiré de disciplines du yoga et du bouddhisme.

La sophrologie moderne a donc différentes sources. La sagesse grecque, et l'Inde où deux yogas peuvent nous rappeler des éléments de la sophrologie :

Le *mantra-yoga*, aussi appelé *Japa*.

Par la magie des sons et des vibrations, ce yoga agit sur les chakras, et focalise l'énergie du mental. Les mantras sont des sons ou paroles sacrées ayant une influence particulière sur la conscience. Cette technique a inspiré entre autres la méditation transcendantale. Le méditant, ou le priant se concentre sur la répétition d'un mantra ou d'un verset sacré, comme fait l'hésychaste, ou d'un nom comme le propose le sophrologue. Concrètement, ce procédé produit une détente profonde, et un apaisement mental. Pratiquée avec une attention redoublée, cette technique a des effets très intéressants sur la conscience.

Le *nidra-yoga*, traduit parfois par yoga du sommeil, s'apparente à un sommeil lucide. Son but est l'élimination des obstacles qui empêchent l'être humain de profiter pleinement de sa vie.

Il comporte six phases très proches d'une procédure sophrologique :

- Concentration et déplacement de l'attention sur toutes les parties du corps ;
- Prise de conscience de la respiration ;
- Développement des sensations ;
- Visualisation d'images apaisantes et d'histoires symboliques ;
- Exercice d'autosuggestion ;
- *Samkalpa* : « résolution ».

Son premier niveau est constitué par un ensemble de techniques de relaxation et de visualisation qui nous apprennent à nous servir correctement du mental. Le deuxième niveau permet d'explorer directement les contenus du subconscient.

Cela rappelle les exercices de clarification de la sophrologie évolutive.

Je découvris ce yoga lors d'un long séjour en Inde, dans l'Orissa, précédant mon passage à Patmos. Reconnu comme une véritable discipline d'éveil, le *nidra yoga* implique aussi une discipline de vie rigoureuse. Ce n'est pas simplement une technique. J'ai constaté avec ce yoga, que l'on pouvait développer une conscience éveillée d'être en train de dormir.

PRINCIPES

C'est peut-être le plus important : la sophrologie s'inscrit dans une démarche phénoménologique. Ce qui signifie que l'on se concentre sur l'expérience vécue, la vivance. Et ceci est essentiel, et tout sophrologue devrait le rappeler régulièrement à ses élèves. La sophrologie met l'accent sur le vécu présent, d'abord. La vivance, c'est le vécu conscient. C'est l'impact émotionnel, dynamisant et vivifiant qui nous habite lorsque nous sommes conscients de ce que nous ressentons.

E. Tolle a popularisé la phénoménologie, en expliquant cette démarche avec des mots simples : vivre le moment présent !

Vivre le présent, c'est lorsque la pensée est au même endroit que le corps.

Cette expérience met en jeu tout un ensemble d'attitudes très complexes.

Nous savons bien que notre pensée est souvent partie dans le futur ou le passé, si bien que nous ne sommes que rarement présents à nous-mêmes.

Le temps n'est pas qu'une donnée physique mais est aussi un phénomène de conscience. La phénoménologie est bien un fondement de la démarche de la sophrologie. Elle nous apprend à développer une vision pénétrante de ce qui se passe dans l'instant.

Le sophrologue permet à son patient ou son élève de travailler dans l'ici et maintenant en modifiant sa conscience afin d'être dans le réel présent. Pour cela, il importe de commencer par l'*époké* : mot grec signifiant « arrêt » ou « pause ». Arrêt de ce qui nous occupait l'esprit avant de commencer la séance. Ce qui a pour but de mettre le symptôme ou la problématique entre parenthèses. Le sophrologue travaille d'abord dans le ressenti corporel au présent.

Avec d'autres mots, Nikos me fit découvrir la valeur de l'*épokê*, la suspension du jugement pour favoriser un regard neuf. L'*épokê* révèle la puissance d'une conscience pleinement attentive. Une conscience libérée des désirs, des attentes et des peurs. Cette fonction conduit au lâcher-prise et à la découverte d'une autre façon de percevoir la réalité. Les bouddhistes nomment ce type de perception : l'attention juste.

« De même que l'eau n'engendrera jamais le feu, de même le cœur de tout homme ne sera pas libéré des pensées démoniaques s'il ne s'est pas purifié au-dedans de lui, s'il n'a pas uni la sobriété et la vigilance. » (Grégoire le sinaïte.)

Cette vigilance va s'exercer, se développer, s'élargir. En sophrologie, tout comme dans l'hésychia, nous commençons par exercer notre vigilance sur les sensations corporelles. Sur l'île de Patmos, chaque jour je m'exerçais à ressentir le corps. Lorsque je marchais sur le sable de la plage, lorsque je me baignais dans la mer, lorsque le vent caressait mon visage, lorsque je mangeais, les occasions d'exercices étaient nombreuses, et même continuelles. Et pour bien m'y concentrer, Nikos me demandait ensuite d'expliquer mes sensations. Ce n'était pas facile, mais cela m'obligea à redoubler d'attention.

Le secret, me répétait Nikos, est d'apprendre à goûter les sensations, de ne pas le faire comme un effort. Alors cela devenait du pur plaisir.

Une fois, je restais trois jours dans ma chambre, qui était toute petite : un lit, une table, une chaise, une armoire. Le but était d'aller chercher des sensations plus fines, sans stimulations extérieures. Au début, le mental eut tendance à s'agiter comme pour remplir un vide de stimulations. Les murmures de la mémoire essayaient de me détourner de l'attention pure. Mais j'étais bien motivé et je pus persévérer. D'abord le son du souffle devenait semblable au bruit des vagues de la mer, puissantes et régulières. Puis je perçus le bruissement du pouls dans tous les membres. Progressivement, je découvris une intensité de présence vibratoire qui emplissait tout mon corps. Ces sensations étaient merveilleuses.

Ce fut la première fois, qu'au-delà de mon mental conditionné et empli de peurs, je découvris un espace de conscience de toute beauté.

Je redécouvris des sensations semblables dans la pratique de la sophrologie évolutive. Par une méthodologie, rassemblant une relaxation dynamique (par le mouvement) à laquelle s'ajoutent des exercices de relaxation statique, la conscience se libère de la suractivité mentale et révèle une véritable plénitude d'être. C'est une expérience très facile à réaliser. Voilà pourquoi je considère la sophrologie comme réellement intéressante.

Sept principes pédagogiques essentiels accompagnent la démarche :

Le principe de schéma corporel ou d'incarnation

Nous avons un corps, nous vivons avec un corps. Et nous nous faisons une représentation mentale et sensitive de ce corps. Tout passe par le corps. Dès qu'un individu élabore une pensée, qu'il reçoit une information par ses sens, qu'il vit un sentiment etc., le tout vient s'inscrire immédiatement dans son corps.

Le schéma corporel c'est la base de la conscience, dit Caycedo. La réalité vécue, c'est le corps. Les sensations, les perceptions, les émotions, les pensées se manifestent et se traduisent dans un corps.

Le schéma corporel recouvre aussi bien la représentation mentale du corps, sa « forme » (extérieure et intérieure), que les sensations et les sentiments qui lui sont liés. « La conscience corporelle devient non seulement un moyen, mais l'objectif final. » (Sri Aurobindo.) Il ne s'agit pas tant de penser à notre corps que de le sentir, le vivre tel qu'il est réellement.

Le principe d'action positive

Toute information nous influence, donc il est avantageux de dynamiser les informations positives en soi ; par nos pensées, nos paroles, nos intentions…

Modifier notre perception des événements et s'en servir afin de vivre d'une autre manière, plus constructive, est tout à fait possible. Les techniques de la sophrologie visent d'abord à activer le positif.

Toutes les fonctions de l'homme étant liées (pensés, émotions, corps), toute action positive sur l'une de ses parties a une répercussion positive sur tout l'ensemble. En stimulant n'importe quel élément positif de l'être humain, automatiquement et d'une manière ou d'une autre, le reste de la personnalité est potentialisée. Toute action positive adressée à la conscience se répercute sur toutes les structures de l'Être : le présent, le futur, le passé, l'image de soi, l'image des autres, l'image de la vie, le sens de l'existence, etc.

Le principe de réalité objective

La réalité objective c'est ce que je suis et ce que je vis ici et maintenant. Le principe de réalité objective est lié à l'attitude phénoménologique où j'accueille les phénomènes sensoriels et mentaux en suspendant mon jugement, mes interprétations, pour simplement me mettre dans une position d'observateur, afin de constater ce qui se passe comme si c'était la première fois.

Développer le positif ne doit pas nous faire perdre le discernement et nous conduire dans une illusion. C'est pourquoi il est nécessaire de rester au contact des sensations corporelles. Renforcer les structures positives chez l'individu n'est pas une déconnexion du réel, mais une démarche d'épanouissement.

Le principe d'adaptabilité/évolution

Vivre bien nécessite de s'adapter continuellement, car la vie est mouvement. Les personnes rigides sont souvent malheureuses. Leur difficulté à s'adapter fait qu'elles sont toujours en guerre contre les événements de la vie. Leur manque de souplesse leur fait vivre beaucoup d'insatisfactions.

Pour le sophrologue, l'adaptabilité est à la fois une nécessité et un jeu. Dans la pratique, il n'y a pas de protocole stéréotypé ; le sophrologue doit savoir s'adapter, et proposer avec empathie ce qui est ajusté à la personne, à un moment donné. Cette approche éclaire une loi essentielle qui est la loi de l'évolution. Rien n'est figé, tout se transforme, tout évolue.

Le principe de responsabilité/liberté

L'actualisation de ce principe marque une étape importante sur le chemin du développement. Nous grandissons vers plus de liberté. Même si nous sommes conditionnés dès l'enfance, nous pouvons nous libérer de ces conditionnements et découvrir notre liberté originelle. Nul n'acquiert la liberté sans prise de responsabilité. Et cela implique un engagement. Chacun est responsable de ses pensées, de ses paroles, de ses choix. Nous avons un libre arbitre que nous pouvons éveiller ou endormir. Nous pouvons transformer notre univers intérieur, et agir sur notre univers extérieur.

Le principe de schéma relationnel

Notre vie relationnelle témoigne de certains contenus de notre conscience, et en particulier du regard que nous portons sur l'autre. Que ce soit dans l'intime ou dans le social, ce que nous manifestons dépend de nos structures mentales. Nous avons des schémas de comportements répétitifs, tant dans nos activités quotidiennes que dans nos attitudes face aux autres. En devenant conscients, nous pouvons nous donner l'opportunité d'agir autrement. Cette prise de conscience n'est pas toujours facile à réaliser contrairement à ce que l'on pourrait croire.

Le principe de schéma existentiel

Il réunit les dimensions intellectuelle, volitive, affective et intuitive, bases de la conscience humaine. Il inclut notre vision du monde et notre vision de notre avenir. Tant que notre schéma existentiel n'est pas pleinement conscientisé, c'est notre inconscient qui nous animera. Cela est très important à comprendre. Pour notre bien-être, il importe de vivre selon nos valeurs personnelles, de construire un projet de vie épanouissant, et de s'y engager totalement.

Ajoutons à ces principes trois lois fondamentales pour la pratique :

Loi de la vivance

Vivre et intégrer dans la pleine conscience les phénomènes qui se dévoilent, sans analyse ni jugement. Être présent à ce que l'on fait et en goûter toute la saveur, sans se limiter ni s'enfermer dans une seule sensation.

Loi de l'éthique

Deux origines étymologiques de l'éthique :

- le terme « *ithos* », qui signifie la tenue de l'âme, le style ;
- et le terme « *ethos* », désignant l'ensemble des normes nées du respect dans la mesure.

L'éthique est une science humaine qui prend en considération l'*ithos* et l'*ethos*.

Elle est la garantie de l'harmonie qui résulte de la bonne tenue de toute chose, de tout acte, de l'accord entre l'âme et le développement. Elle suppose une action rationnelle, elle est le propre de l'homme. Elle se rapproche du *dharma*, mot sanscrit qui signifie l'ensemble des principes assurant l'harmonie de l'univers. Comme l'enseignait Pythagore : il importe de faire de l'éthique une mathématique des relations.

Dans le grand traité de morale de la Grèce antique, *Éthique à Nicomaque,* Aristote exposait à son fils les principes d'une conduite de vie raisonnable menant au bonheur. L'éthique était enseignée comme une discipline pratique portant sur l'action relationnelle et faisant appel au bon sens en reconnaissant que tous les êtres humains aspirent au bonheur. Hippocrate et Platon ont beaucoup écrit sur ce sujet préfigurant la biosophie : l'art de bien conduire sa vie.

Loi de la pratique

Répétition vivantielle, nécessaire à l'évolution du travail. Cette répétition permet le franchissement des trois paliers :

- la découverte des structures profondes de l'être,
- la conquête de ces structures,
- la transformation de ces structures pour un mieux-être.

L'exercice répété devient exercice initiatique ; c'est-à-dire qu'il nous transforme. Ces exercices répétés m'ont appris, entre autre, que l'humilité est indispensable pour atteindre enfin « la sereine Quiétude ».

Dans l'ardeur de ma jeunesse je croyais atteindre la « suprême Quiétude » par l'intensité de mes efforts. Et je découvris assez vite mes limites, mes difficultés à gérer mon ego, mes peurs... Mais avec l'accompagnement de Nikos, j'ai découvert qu'au-delà de mes limites une porte pouvait s'ouvrir vers un « troisième souffle ». Celui du bonheur, celui qu'atteignent ceux qui persévèrent au-delà de la souffrance. Les sportifs connaissent bien le deuxième souffle qui, au moment où l'on semble perdre ses forces, apporte une nouvelle énergie permettant d'aller encore plus loin. Mais rares sont ceux qui ont goûté à ce troisième souffle qui survient au sommet d'une forte intensité de désespoir, d'un ras-le-bol total ou d'une profonde libération de tous nos désirs et nos peurs.

Aux principes précédents, on pourrait ajouter le principe du lâcher-prise.

Et pour bien comprendre le « lâcher-prise », encore faut-il savoir ce que nous « tenons ». Car tout part de là. Au commencement de toute « prise » se trouve l'ego, une conviction, une volonté. Lâcher-prise, c'est abandonner un rêve : celui d'avoir raison ou de vouloir que les choses correspondent à nos critères. Le lâcher-prise se produit dès lors que j'accepte que l'autre soit autre ; et que la vie ne soit pas comme je pense qu'elle devrait être.

La pratique du lâcher-prise nous affranchit du complexe d'Atlas portant le monde sur ses épaules. Elle fait coïncider la plus profonde attention avec le plus authentique sentiment de responsabilité envers soi-même et les autres. Elle est aussi le fondement de la profonde confiance en la vie, qui ne naît pas de notre habileté mais de notre humilité.

Lorsque se produit un véritable lâcher-prise, un abandon total. C'est là que peut advenir quelque chose de différent, c'est là que peut se franchir la porte de l'éveil, il me semble. Par le lâcher-prise nous laissons le flux de la vie s'écouler naturellement.

À Patmos, je connus un moment de total abandon. Ce fut après une lassitude, un ras-le-bol total des séries d'exercices que m'imposait Nikos. Ou plus exactement qu'il me proposait, car il ne m'imposa jamais rien.

Un jour, j'eus envie de dire stop, de me détendre, de ne plus rien faire, de laisser tomber, d'arrêter, de partir. Peu à peu la tension est montée. Je l'ai gardée en moi, essayant d'abord de la nier ; en totale contradiction avec mes exercices d'éveil de l'attention. Le stress s'est amplifié, je l'ai contenu, mon mental en a rajouté, Nikos est devenu en quelques heures mon ennemi le plus terrible. Celui que je voulais fuir car il ne me comprenait pas, et même me persécutait.

Bref, il a joué le rôle de bouc émissaire. Il était responsable de tout le mal-être enfoui dans mes profondeurs.

Et en même temps j'avais un grand respect pour lui, j'avais confiance en sa démarche, je l'aimais bien. Mon esprit était déchiré. J'avais envie d'arrêter, et je voulais continuer, mais je n'en avais plus la force. Des émotions puissantes et violentes me ravageaient le corps. Cela dura un jour et une nuit. Et au matin, j'avais cédé. J'avais lâché prise. Je cessais de résister, de vouloir faire et contrôler, j'abdiquais, je m'ouvrais.

Après une nuit presque sans sommeil, je me levais à l'aube, et fis mes exercices presque machinalement. C'est alors que je perçus quelque chose de nouveau. J'étais assis sur mon lit dur, détendu. Un balancement s'est manifesté au niveau de la colonne vertébrale… c'était d'abord dans le bas du dos, puis c'est monté, lentement. J'avais l'impression que je pouvais arrêter cela, mais je préférais laisser faire, c'était agréable.

Le processus s'éveillait.

Ouverture et *terpnos logos*

L'ouverture intérieure correspond exactement à une totale relaxation. C'est ce que j'ai observé à Patmos et aussi au cours d'une retraite en Bretagne. Je m'y étais inscrit pour vivre la sophrologie de façon intensive. Cela m'était venu brusquement. Je m'en souviens parfaitement. J'étais en train de lire une revue lorsque s'est imposée subitement dans mon esprit, l'idée de faire de la sophrologie. Jusqu'alors j'avais entendu parler de cette méthode mais sans m'y intéresser, la jugeant comme une simple technique de relaxation.

Et voilà que soudainement, sans y avoir jamais pensé auparavant une irrésistible impulsion me poussa à découvrir la sophrologie. Je trouvai trois adresses. J'écrivis. Sur les trois réponses, deux étaient difficiles à comprendre, avec un langage spécialisé qui m'était inconnu. La troisième lettre était tout à fait simple, il s'agissait de la sophrologie évolutive et évoquait la méditation. Pas d'hésitation.

Au cours de cette retraite de sophrologie, dans un cadre reposant à la campagne, nous avons partagé notre temps en séances de relaxation, promenades, méditation, et séances de clarification. Le soleil nous accompagna durant ces journées. Une retraite est une pause, une parenthèse dans notre vie, au cours de laquelle nous adoptons une attitude de liberté et d'attention.

J'ai pu me consacrer totalement à la pratique des différents degrés de la sophrologie. Cela aide à nous ouvrir à nos profondeurs. Silence et parole alternent au cours des journées pour libérer la conscience de ses fardeaux, de ses voiles, de son brouillard. Ainsi, symboliquement, il y avait deux jours entiers de silence. Silence tel que défini par les sages : non pas l'absence de communication, mais l'absence des bavardages de l'ego.

La première étape, que l'on peut qualifier de décantation de la personnalité, consiste à se libérer des tensions qui nous habitent.

Ensuite, libération par la parole de ce que l'on porte et qui pèse dans la conscience. Puis le troisième jour, intériorisation avec la pratique de la méditation et éveil de la vigilance et pratique de l'action juste. De ce cheminement naissent tout naturellement des qualités de douceur, de bienveillance, de calme et de légèreté. Ces qualités, une fois développées, préparent le deuxième stade du processus, et leur maturation conduit à peu à peu à la paix profonde, la *sophren* qui s'installe naturellement.

C'est au cours de la quatrième journée, qu'à nouveau ma conscience s'ouvrit à une autre dimension. Je reconnus les signes avant-coureurs qui s'étaient manifestés à Patmos. Une fatigue, un désir de partir, puis un abandon à ce qui se passe. J'acceptai de continuer sans plus chercher à contrôler ni mémoriser quoique ce fût.

Ce fut pendant une méditation qui suivit un puissant exercice de clarification. Une douce chaleur monta dans mon dos, produisant un balancement régulier, un bien-être emplit ma conscience en quelques minutes, et toute dualité s'estompa. Il n'y avait plus aucune sensation de séparation entre les choses. La conscience était une, lumineuse et joyeuse. Il n'existait plus le sens d'un « je » autonome et indépendant, si ce n'est comme une mémoire d'un état transitoire ou plus exactement irréel. Il n'est pas facile de décrire tout ce qui est à ce moment. Le concept même de moment ne signifie plus rien. C'est vraiment une dimension d'éternité. Physiquement, je me sentais si léger que je regardais mes pieds pour m'assurer qu'ils touchaient bien le sol. J'essayais de ne pas montrer ce qui m'arrivait. Il y avait beaucoup d'énergie dans la conscience, je ne dormis pas.

Le lendemain, le retour à la maison avec le trajet en voiture, assez long, fut une expérience surprenante. La conscience permit que tout se passe bien. Les réflexes du corps étaient là, mais l'attention n'était focalisée nulle part.

Cela s'estompa après environ quatre jours, mais depuis « je » sens que c'est toujours là, tout proche. Comme si « ça » ne m'avait plus quitté.

Je me mis par la suite à étudier profondément la sophrologie et les différents niveaux de conscience. La sophrologie nous ouvre une porte sur l'inconscient grâce à la relaxation. Cet état de relâchement est induit et favorisé par la parole du sophrologue. En effet la parole est une force qui agit sur la conscience. La plupart des traditions de tous les continents parlent d'un son primordial, d'un souffle originel, d'un verbe créateur.

C'est le principe fondamental à partir duquel les techniques de sophrologie se sont développées. La parole véhicule une information qui a des effets sur la conscience. Et lorsque l'activité consciente est réduite, l'inconscient se trouve en état de réceptivité accrue. La parole du sophrologue permet alors d'induire des transformations sur les contenus de la conscience.

Il faut reconnaître que nous sommes tous perméables à la parole, pour ne pas dire influençables. Ce phénomène est inconscient. Ainsi tous nos comportements viennent d'un conditionnement issu de suggestions ou d'injonctions reçues de nos parents, de nos camarades, de nos enseignants... Que d'idées préconçues n'avons-nous emmagasinées au cours d'une existence ! Nous ne sommes pas toujours conscients que les multiples suggestions qui nous ont été adressées ont façonné notre personnalité.

L'homme a été programmé toute sa vie, depuis son plus jeune âge, en bien ou en moins bien par sa famille, puis par les médias. Toute parole est une force magnétique puissante qui fait son chemin et laisse des traces. Elle provoque, un jour ou l'autre, un comportement et aboutit à un déterminisme. Qui dit parole, dit suggestion et dit conditionnement. La publicité vit de cette suggestion, les dictateurs sont experts de la suggestion au point de manipuler un peuple.

La suggestion (et autosuggestion) négative est souvent à la base des névroses. On trouve souvent leur origine dans l'enfance, avec un comportement irréfléchi de parents ignorants. C'est le petit garçon touchant son sexe, qui est rabroué violemment : « Que je ne te vois plus jamais toucher à ça, petit dégoûtant ou je te le coupe. » Il n'en faut pas plus pour provoquer un trouble sexuel qui se répercutera chez l'adulte. Il y a aussi, la suggestion à répétition dans le temps qui est encore plus puissante, administrée à chaque maladresse : « Fais donc attention ! Tu n'es qu'un bon à rien. Tu n'y arriveras jamais ! ». C'est un bon départ pour une vie complexée, parsemée d'échecs.

Ces suggestions, véritables conditionnements, marquent d'autant plus qu'elles sont généralement faites au moment où le sujet, est sous l'emprise d'une émotion forte, donc fragilisé : il y a alors accès direct au subconscient. On peut comparer le subconscient à un appareil enregistreur qui, dans certaines circonstances émotionnelles et aussi par répétition, enregistre automatiquement et est capable, ensuite, la vie durant, de restituer les émotions et impressions dès qu'une association d'idées libère le réflexe correspondant.

Les suggestions passent essentiellement par la parole, la musique ou par l'image. La peinture, le dessin nous impressionnent autant que le mot.

L'intérieur des églises est visuellement d'une richesse suggestive remarquable.

Mais dans notre discipline, c'est le verbe qui nous intéresse.

Dans l'Évangile de Jean, nous trouvons : « Au commencement, était le verbe ». Le verbe, outil premier du sophrologue, est créateur. Par sa parole, les mots et le ton de la voix, le sophrologue induit des expériences de conscience. Responsabilité immense, qui suppose une éthique, un professionnalisme. Entre suggestion imposée ou proposée, la limite n'est pas évidente.

Mais n'en est-il pas de même pour l'artiste, le thérapeute, l'éducateur, le parent ?

Les adultes sont souvent inattentifs et inconscients.

Toute parole agit sur la conscience. Le pouvoir politique se crée par la parole qui est un enjeu de communication et donc de pouvoir. L'incantation, la psalmodie peuvent hypnotiser et conduire à des états de transe, les mots doux du parent à son enfant sur le point de s'endormir, facilitent la venue du sommeil, le chant peut séduire et aussi dynamiser des foules. La parole est une force puissante. Les grands orateurs, qui maîtrisent cet outil, peuvent diriger des foules.

Nous savons combien les mots peuvent blesser, induire un mal-être chez une personne, mais aussi soigner, réveiller des énergies positives. Par son action verbale, le sophrologue agit sur la conscience. Ses paroles permettent de fixer l'attention, de produire un lâcher-prise, de créer des images mentales adaptées pour renforcer des potentialités précises telles que la patience, la confiance en soi, la sérénité, la force intérieure, la bienveillance, etc.

Précisons que le mot « suggérer » signifie : tirer des profondeurs, amener à la lumière, faire surgir quelque chose qui se trouvait déjà là. C'est par le *terpnos logos* (voix lente et monocorde) que l'état de relaxation est induit. On l'appelle état sophro-liminal ou sophronique, ou encore état alpha. C'est un niveau de conscience très particulier situé entre la veille et le sommeil. Nous traversons cet état naturellement au réveil et à l'endormissement. Toute suggestion, dans cet état, voit son impact décuplé. Ainsi, en activant des images, des pensées, des sensations et des sentiments positifs en état sophro-liminal, le sujet se retrouve apaisé, ressourcé, et dynamisé.

Toute suggestion, qu'elle soit verbale ou visuelle, a un impact sur la conscience. Les amoureux le savent bien, les publicitaires savent manier habilement ce pouvoir. Il importe d'en être pleinement conscient, car chacun se fait ses propres autosuggestions continuellement, par ses propres monologues intérieurs.

Utilisant ce phénomène de façon positive, les exercices de sophrologie produisent naturellement une régénération de la conscience. Cette technique peut paraître simpliste, mais elle fonctionne vraiment bien. Elle permet notamment d'éveiller et de renforcer la confiance en soi et l'estime de soi, deux des plus importants besoins humains. Mais elle peut aussi induire un état d'éveil spirituel. Je l'ai découvert avec Nikos lorsqu'il m'enseignait la prière du cœur, et je l'ai constaté plusieurs fois, bien plus tard, en animant des séances de méditation.

Cette parole qu'utilise le sophrologue s'appelle le *terpnos logos*, qui est une voix calme, monocorde et douce.

Le *terpnos logos* est à la fois la voix (rythme, ton, hauteur, timbre, intensité) et aussi le message apaisant véhiculé par les mots. Grâce au *terpnos logos*, le sophrologue va permettre à son patient d'atteindre l'état sophronique, en appuyant sur certains mots induisant notamment un état (détendu, lourd, chaud). Cette parole douce, monotone agit sur le *thymos* état psychosomatique, engendrant le calme, la tranquillité.

Précisons d'une part que le *terpnos logos* du sophrologue doit évoluer au fil des acquisitions des personnes guidées : d'explicatif au départ (et donc plus détaillé), il devient orientatif et ne propose plus que des sortes de balises avec, par exemple, l'utilisation de mots clés dans des phrases courtes.

D'autre part il peut être utile, dans certains rares cas, d'utiliser un langage plus affirmatif. La voix du sophrologue, sans être exagérément affective, doit induire la confiance, le relâchement, l'apaisement, le bien-être...

Nikos avait cette voix, profonde, douce et vibrante. Il parlait lentement. On l'écoutait car sa parole résonnait au plus profond de nous. Ce n'était pas tant les mots que l'énergie véhiculée par le ton, le timbre, la chaleur de la voix.

Je le compris un jour où Nikos reçut une de ses amies, ne parlant que le grec. Je ne comprenais donc pas les mots, ni le sens de leur conversation, mais cette amie avait la même qualité de voix que Nikos. Et je l'écoutais comme si ce qu'elle disait m'apportait quelque chose de bénéfique. Cela me surprit. Cette voix était apaisante, réconfortante, rassurante, protectrice… Cette voix avait un pouvoir naturel bénéfique. Elle pénétrait profondément dans la conscience. Elle séduisait et éveillait une très grande douceur dans le cœur. La voix avait beaucoup plus d'importance que les mots en eux-mêmes.

Cette constatation devrait faire réfléchir tous ceux qui ont un métier où la voix tient une grande place.

Parfois des sophrologues recherchent de nouveaux exercices. C'est-à-dire des contenus nouveaux. Je les invite alors à « travailler » leur voix, à aller chercher dans leur profondeur, la douceur et la chaleur qui feront que leur parole pourra être simple, belle et néanmoins efficace.

Et une fois ce travail accompli, n'étant plus dans une recherche, certes justifiable, mais tout de même générée par l'ego, peut-être arriveront-ils à élargir leur conscience et à faire confiance à leur intuition, pour laisser les mots venir spontanément à leurs lèvres ?

Notre difficulté à ne pas entendre la voix de l'intuition vient du sentiment que nous devons d'abord remplir le mental d'un maximum d'informations.

À la racine de nos difficultés, et particulièrement de l'anxiété ou l'insatisfaction que nous pouvons ressentir, se trouve un sentiment de séparation que nous essayons de combler en remplissant notre mental pour éviter le vide ou la solitude. Alors que nous sommes continuellement reliés à la totalité de la vie.

Nous nous percevons comme des corps séparés les uns des autres, mais nos corps sont reliés par les interconnexions chimiques et biologiques et énergétiques. De la même manière, notre conscience prend racine dans l'univers tout entier. La séparation est illusoire.

C'est dans la nature qu'il est le plus facile de reconnaître cette connexion vivante. Mais nous avons, pour la plupart, perdu notre capacité à être ouvert, à être disponible, à être réceptif.

Nous avons tendance à vivre trop dans nos têtes et nous sommes trop guidés par des buts strictement personnels et étroits. Cela nous coupe de la capacité à percevoir qui nous sommes réellement.

La conscience élargie n'est pas quelque chose de spécial, réservée à une élite. Elle est là, maintenant. C'est notre état naturel quand nous nous détendons et que nous lâchons prise. Nous pouvons alors aisément sentir que nous sommes parfaitement suffisants tels que nous sommes. Il n'y a rien qui manque au cœur de notre être. Nous sommes déjà celui ou celle que nous cherchons.

Le processus d'élargissement de la conscience ne doit pas être forcé. Il demande une préparation physique, une préparation énergétique, une bonne structuration mentale. Et une totale disponibilité de la conscience. Cette disponibilité, nous l'avons dit, est souvent la conséquence d'une souffrance, d'une rencontre avec ses limites, avec les limites du pouvoir de maîtrise de l'ego.

Cela demande que l'on cesse de chercher quoi que ce soit pour s'ouvrir à ce qui se trouve à l'intérieur de nous-mêmes. Pour accéder à la libération, il faut comprendre, dépasser la souffrance et cela passe par la connaissance de soi.

C'est la souffrance qui motive la quête de la connaissance de soi et qui conduit vers l'éveil ou un changement de niveau de conscience menant vers l'ouverture spirituelle.

Bien évidemment, cette connaissance de soi est graduelle dans le sens où elle s'effectue progressivement. Mais elle ne repose cependant pas sur l'accumulation de connaissances, mais plutôt sur la perte de ce que l'on connaît et sur le désapprendre afin d'aller vers ce qu'il y a au-delà des conditionnements qui structurent l'image de soi.

Se dépouiller de ce que l'on croit être et croit savoir, pour laisser l'être véritable se dévoiler. Le processus d'éveil de la conscience n'est pas une opération d'accumulation, mais de libération.

Telle est la quête de l'hésychaste, tel est le chemin où nous conduit la sophrologie évolutive.

Cela ne peut se produire sans un renoncement total, radical de tout ce qui a été du passé et sans une acceptation de ce qui est dans l'instant, d'instant en instant, qui se fait dans un grand lâcher-prise.

Que ce soit au niveau musculaire ou existentiel, dès que nous lâchons prise, il y a un mieux-être, une nouvelle disponibilité, une ouverture.

Les Techniques

Cette retraite en Bretagne était justement consacrée à la pratique du lâcher-prise. Il y eut différents exercices d'étirement et de respiration pour sentir les bienfaits physiques et psychiques du lâcher-prise. Des enseignements sur la conscience, le corps, l'ego, la parole, le silence complétaient les journées. Je fus émerveillé par la simplicité de ces explications, qui synthétisaient harmonieusement tout ce que j'avais pu étudier par ailleurs. L'éthique et la vie relationnelle tenaient un rôle important aussi. Et les exercices de clarification furent une véritable découverte. Ils étaient pratiqués à deux, ou parfois à trois avec un « observateur ». J'y pris beaucoup de plaisir et découvris l'importance de la cohérence dans toute recherche de bien-être.

Rien n'est plus perturbant et usant qu'un esprit divisé. Les conflits intérieurs mobilisent beaucoup d'énergie qui n'est pas constructive. Car la conscience est créatrice et tout ce que nous vivons n'est qu'une extériorisation des contenus de notre conscience. Je le savais, mais pendant ces exercices, je l'ai vu. Autant chez moi que chez mes partenaires, c'était clair. L'exercice porte bien son nom.

La conscience se développe selon une procédure évolutive :

- Relaxation corporelle : c'est le premier pas, et il est indispensable.
- Gestion mentale positive pour favoriser en soi des états harmonieux, et se libérer des états négatifs.
- Éveil de l'attention au moment présent, éveil des mécanismes du lâcher-prise et éveil de la désidentification de la personnalité.
- Clarification de nos contenus inconscients pour dynamiser positivement notre projet de vie.
- Spiritualité, c'est la dimension de cœur, d'universalité et de transcendance.

La sophrologie permet de véritables transformations intérieures.

Les outils essentiels de la sophrologie évolutive sont :

- la parole comme agent de modification de la conscience,
- la détente comme état de conscience propice à une ouverture,
- l'attention comme facteur d'éveil et de développement.

LES RELAXATIONS DYNAMIQUES

Les relaxations dynamiques comportent de nombreux degrés et sont une codification d'exercices simples.

La relaxation dynamique du premier degré (RD1) est inspirée du *raja yoga* indien. Dans un premier temps, l'attention se fixe sur le corps et les sensations. Cela permet de développer le schéma corporel, la conscience du corps. De plus, lorsque l'attention est fixée sur les sensations, le mental s'apaise. C'est une expérience ordinaire que nous faisons par exemple en contemplant un beau coucher de soleil. De même, lorsque nous sommes totalement absorbés dans une écoute, la pensée s'arrête. La perception des sensations nous ramène à l'instant présent. Nous nous recentrons. Accompagnée de mouvements et de respirations conscientes, cette pratique conduit à un état de relaxation et de rééquilibrage de l'activité des deux hémisphères du cerveau. Il s'agit de prendre conscience de son corps avec ses sensations en le stimulant par des mouvements et des exercices respiratoires, suivis de temps de récupération et d'intégration. La pratique se déroule debout et se termine en position assise.

La relaxation dynamique du deuxième degré (RD2) propose une auto-visualisation où la conscience enveloppe le corps. Nous apprenons à prendre de la distance par rapport à nous-mêmes. Cela facilite l'amélioration de l'image de soi et permet d'affiner les perceptions des cinq sens. Elle inclut une dynamisation mentale par la formulation d'un souhait de paix, qui rappelle une invocation bouddhiste. Exploration des limites du corps, perception de la gravitation terrestre et des sensations qu'elle entraîne. Conscience du poids du corps. « Le corps est limité, et la conscience illimitée ». Concentration. Constat de notre présence ici, dans l'instant et aussi de notre présence dans le monde. Stimulations corporelles suivies de pauses d'intégration en position assise. La conscience contemple objectivement chaque partie du corps, renforçant ainsi l'image corporelle et l'estime de soi.

La deuxième partie est principalement consacrée à la contemplation des cinq sens, grâce auxquels nous rentrons en relation avec le monde qui nous entoure. Nous formulons un souhait puis nous nous mettons debout afin de faire l'expérience de la verticalité. Avant de terminer la séance : dynamisation des capacités ou des valeurs personnelles.

La relaxation dynamique du troisième degré (RD3) est une pratique de méditation zen. Elle ouvre l'esprit sur une dimension nouvelle, développe le lâcher-prise et le silence intérieur. Cette technique peut nous conduire à un détachement de nos contenus mentaux. Elle va éveiller un état de présence intérieure, et de désidentification à l'ego.

Les techniques sophroniques

Les techniques spécifiques sont des protocoles dans lesquels on peut puiser selon ses besoins ; elles sont plutôt utilisées en individuel pour des problèmes précis (gestion des douleurs, préparation à un concours, accouchement, compétition sportive...).

Bien entendu, chaque problématique nécessitera une approche différente. Ces techniques spécifiques sont très intéressantes pour tout ce qui concerne le développement personnel.

La *sophronisation de base*

Initiation au processus de la relaxation.

Le *sophrodéplacement du négatif*

Exercice de libération des tensions de tous les jours souvent utilisé en cours de sophronisation. Il s'agit de provoquer des tensions musculaires en inspirant, puis de relâcher les groupes de muscles sollicités en faisant une expiration dans laquelle on vide tout le négatif.

La *sophrosubstitution sensorielle*

Technique consistant à remplacer progressivement une sensation par une autre, plus positive. Elle est utilisée en analgésie ou en anesthésie, notamment pour les soins dentaires. Très efficace dans la gestion des douleurs (exemple : pour le dos, on induit une sensation de chaleur qui vient progressivement remplacer la douleur).

La *sophrostimulation locale ou focalisation*

Technique de concentration mentale sur un organe ou une fonction pour en favoriser ou en modifier le fonctionnement.

La *préparation sophroliminale du sommeil*

Technique très efficace pour tous les troubles du sommeil qui consiste à visualiser un bon endormissement, à induire une nuit de qualité.

La *sophro-acceptation progressive*

Projection dans l'avenir à différentes échéances dans un état qui est celui que l'on cherche à avoir (par exemple, la femme enceinte se visualisera le jour de l'accouchement, elle se verra sereine, en pleine forme pour accoucher dans les meilleures conditions, puis elle imaginera les sages-femmes, les lieux, les sensations, etc.).

LES TECHNIQUES TRANSPERSONNELLES

La *sophrocontemplation symbolique*

Concentration passive sur une image mentale à fort pouvoir suggestif servant d'ancrage pour éveiller nos forces positives.

La *méditation active*

Exercices mentaux utilisant le pouvoir de l'imagination. Ils sont destinés à apaiser le mental et à réveiller les forces positives de la conscience.

La *méditation du cœur*

Méditer veut dire se laisser conduire vers le centre. Cela peut être favorisé par un processus permettant d'éveiller les qualités du cœur, telles que la bienveillance, la compassion ou la dévotion, sources d'une énergie incroyable.

La *méditation Quiétude*

Exercice d'attention qui consiste à observer l'espace entre les pensées et d'y percevoir le silence. Les pensées sont linéaires, elles se succèdent parfois très vite. Entre deux pensées existe un espace de silence. Il faut bien comprendre que si toutes les pratiques spirituelles s'acheminent vers le silence, elles ne le créent pas, car il est déjà là.

Clarification

Méthode d'expression verbale ou picturale utilisant la relaxation pour effectuer un travail à caractère thérapeutique. L'objectif fondamental de la clarification est de nous libérer des mécanismes mentaux incohérents qui nous freinent et nous limitent dans notre expansion naturelle. Il s'agit de découvrir les contenus de l'inconscient, dans le but de créer plus de cohérence dans la psyché.

Anamnèse évolutive ou seconde lecture

Interrogation en état de relaxation que le sophrologue dirige afin de comprendre l'histoire de son patient, en cherchant à mettre à jour un sens symbolique et une logique aux événements. Cela permet d'observer les cycles de vie. La deuxième lecture permet de faire un bilan pour comprendre les enseignements de la situation, de sortir du sentiment d'échec et de redevenir acteur de sa vie. Cette pratique redynamise les forces créatrices de la conscience.

Ces deux techniques s'inspirent à la fois des traditions philosophiques (la maïeutique socratique) ainsi que des notions psychologiques les plus récentes sur l'inconscient. Dans la démarche évolutive, à l'image de la vie, nous sommes continuellement en mouvement, à l'écoute, en adaptation, en évolution.

La Quiétude n'est pas un état statique, mais un processus de continuelle adaptation. La Quiétude est silence. Il existe de nombreux types et niveaux de silence. Il y a un silence intérieur, un silence extérieur et un silence qui pénètre tout. Il y a un silence de la volonté, un silence de la pensée, un silence des émotions. Il existe un silence dans lequel il n'y a rien et un silence qui contient quelque chose et qui est joie.

Le silence n'est ni inertie, ni absence, mais une plénitude comparable à celle qu'éprouvent des êtres unis par un amour si grand qu'ils ne peuvent pas l'exprimer par des mots.

Tout parcours d'éveil de la conscience est fait d'étapes et de paliers. Lorsque l'élève a acquis une certaine maîtrise, les vérités ne passent plus par les mots mais par l'intuition directe, le silence qui vient du cœur.

Nous écoutions le silence durant les méditations assises et durant les promenades contemplatives qui me rappelaient ce que j'avais fait à Patmos. Si le plus souvent, c'est la position assise qui est privilégiée, il serait faux de penser que méditation rime avec immobilité. La marche méditative est par exemple considérée comme un excellent remède contre la tristesse.

Conscience

La voie de la Conscience, si vaste, si mystérieuse, si abstraite, a profondément besoin d'une approche simple, pratique, concrète. Rendre concret ce qui, par son essence même, est l'abstrait suprême. Voilà donc la tâche : oser une pédagogie de la conscience.

Trois états de conscience furent présentés par Caycédo : pathologique, ordinaire et sophrologique. Nous rajouterons l'état transpersonnel, au-delà de l'ego.

Pour la sophrologie comme pour l'hésychia, ce qui est intéressant c'est moins le concept que la façon de s'en servir : en l'occurrence, c'est la répétition d'exercices au niveau sophroliminal, particulièrement sensible et propice au changement, qui va permettre des modifications durables des contenus de la conscience. L'hésychaste d'après Jean Climaque, est celui qui peut dire : « Je dors mais mon cœur veille ». Ce qui évoque l'état modifié de conscience appelé sophronique en sophrologie.

Le but de la sophrologie est l'harmonie de la conscience. Il importe donc d'aborder tous les domaines liés à la conscience.

Le mal-être, l'insatisfaction, la souffrance ou la maladie sont considérés comme une disharmonie. Cette disharmonie résulte souvent d'une difficulté d'adaptation aux nombreux défis de la vie, due à un manque de connaissance ou de savoir-faire. Manque de connaissance sur soi-même avant tout.

La conscience est encore peu connue. Il suffit d'essayer de la définir pour s'en rendre compte. Nous pouvons cependant observer facilement certains de ses fonctionnements et divers états possibles. Le sommeil, les émotions fortes, les angoisses, la rêverie, la réflexion, la méditation, manifestent différents états de conscience très différents.

Par la sophrologie, nous expérimentons l'état sophronique ou sophroliminal, se situant entre la veille et le sommeil. Cet état de conscience est tout à fait naturel. Nous y accédons par la relaxation, c'est-à-dire une détente musculaire, suivie d'une détente cérébrale.

Dans ce niveau de conscience, nous pouvons d'abord distinguer deux états différents selon notre intensité de vigilance ou qualité de présence :

- la conscience supraliminale, qui correspond à un état équilibré et pleinement présent à ce qui se passe, tout en étant profondément détendu ;
- la conscience infraliminale, où l'on se trouve réellement au bord du sommeil.

Plus nous affinons notre attention, plus nous percevons des états de conscience subtils. Mais l'éveil de la conscience implique aussi d'éveiller et de développer la liberté intérieure. Conquérir cette liberté intérieure c'est aussi affirmer la responsabilité de ses sentiments, de ses idées, de ses comportements.

Il y a là une dimension essentielle de la sophrologie évolutive : libérer l'individu de tout conditionnement. Pour illustrer cela, sachons qu'il existe des techniques pour gérer les peurs. Mais nous pouvons aller beaucoup plus loin, dissoudre les mécanismes mêmes de la peur.

La sophrologie évolutive ne se limite pas à un ensemble de techniques mais présente également une philosophie : un art de vivre et une démarche de connaissance de soi. Elle vise à développer l'équilibre de l'être humain. Elle propose une vision de l'individu et de ses mécanismes de comportement. Dans son aspect existentiel, la sophrologie évolutive étudie les valeurs qui nous structurent ainsi que le sens que nous donnons à notre existence et le projet de vie qui nous habite. C'est une philosophie humaniste et transcendante qui nous fait accéder au meilleur de nous-mêmes.

Toute recherche d'harmonie intérieure, favorise une vie relationnelle saine. La dimension sociale est importante. Le bien-être personnel rejaillit sur l'entourage. Nous donnons aux autres ce que nous portons en nous-mêmes.

Située au carrefour de la science occidentale et des traditions orientales, la sophrologie offre une synthèse bien adaptée à la réalité moderne. Simple d'accès, elle peut aider les jeunes enfants, comme tout adulte. Chemin de connaissance de soi, la sophrologie nous propose un travail d'alchimie, c'est-à-dire de transformation. En fait toute démarche vers un mieux-être implique une transformation de soi, c'est-à-dire des contenus de notre conscience. Nous pouvons nous libérer des peurs en vitalisant la confiance.

Finalement, quoi de plus urgent que de « savoir bien-vivre » comme disait Montaigne ? La sophrologie n'est pas seulement une méthode pour soulager les maux physiques ou psychiques, c'est aussi un ensemble de connaissances pratiques qui permettent de « mieux vivre ».

Que signifie mieux vivre ?

C'est assurément ce que nous recherchons tous. Nous dirons que cela implique de souffrir moins, de vivre plus en paix, de goûter plus de plaisir, de s'épanouir. En nous pourrions ajouter : rayonner et transmettre ce bien-vivre à ceux que nous côtoyons.

La dimension évolutive étudie les processus et principes d'évolution de la conscience. Cette orientation nous ouvre des perspectives nouvelles. Elle clarifie les chemins de l'épanouissement et éveille la faculté créatrice. Car la conscience est créatrice, c'est une de ses aptitudes souvent oubliée.

La sophrologie évolutive rejoint la sophrologie transpersonnelle qui étudie les facultés supérieures de la conscience selon la perspective de la psychologie transpersonnelle. Jung, Assagioli, et Maslow sont reconnus comme étant les inspirateurs de la psychologie transpersonnelle. Leurs travaux proposent une vision holistique de l'être humain, où la personne est considérée avec ses quatre dimensions : corps, cœur, pensée, âme (soi).

De l'apprentissage de la relaxation, à la thérapie, et à l'éveil spirituel, cette approche aborde toute l'échelle de l'évolution de la conscience humaine. L'approche transpersonnelle est une voie récente qui traduit en fait une réalité très ancienne conservée et pratiquée dans certaines traditions religieuses, comme l'hésychasme par exemple.

La psychologie traditionnelle ne s'intéressant qu'à l'ego et à ses défaillances, la psychologie transpersonnelle étudie aussi les états au-delà de l'ego. Définition du docteur Guyonnaud, sophrologue : « Le transpersonnel est un niveau d'être qui transcende l'ego où le moi individuel, dépasse la notion de personne dans des états d'expansion non ordinaires de conscience ».

L'approche transpersonnelle considère le psychisme humain de l'homme moderne comme la résultante d'une lente évolution. Cette évolution concerne tout le cosmos. Elle s'est déroulée tout d'abord dans la matière sur le plan moléculaire, puis physiologique, et progressivement s'est transposée chez l'humain (peut-être aussi chez le dauphin) dans l'esprit. En effet, notre évolution, depuis l'apparition de l'Homo sapiens, ne se déroule plus guère sur le plan physiologique, mais c'est notre psychisme qui semble avoir pris le relais des lois évolutives du vivant.

Aujourd'hui, la sophrologie transpersonnelle étudie plus particulièrement les dimensions de l'inconscient supérieur. Il s'agit d'une voie d'éveil de la conscience, d'éveil évolutif. Même si les grands maîtres de l'éveil affirment que cette expérience n'est pas le résultat d'un effort ni d'un désir ni d'une préparation, il faut quand même reconnaître qu'ils sont tous passés par un entraînement initiatique, une ascèse, une *sadhana*.

Le but de la sophrologie étant l'harmonie de la conscience, nous devons considérer que cette harmonie est aussi en évolution. L'échelle des besoins de Maslow le détaille avec précision. Ainsi en tant que voie d'éveil, la sophrologie transpersonnelle ou évolutive aborde les cinq dimensions de l'être : le physique, l'énergétique, le relationnel, le mental, le spirituel.

Le bien-être est le fruit d'un continuel ajustement entre nos besoins, nos aspirations et nos possibilités. Or cet équilibre est en continuelle évolution, et tout véritable thérapeute se doit de connaître les différentes étapes de ce chemin d'évolution. C'est pourquoi la sophrologie transpersonnelle propose une véritable pédagogie de la croissance. Elle peut se présenter comme une philosophie pratique qui nous conduit vers la maturité psychologique, jusqu'à un éveil humaniste ou spirituel.

Nous sommes tous différents, mais le chemin de l'évolution est universel et il passe par trois étapes :

- l'ouverture et l'harmonisation de la conscience ;
- l'intégration et l'expression de nouvelles potentialités ;
- la libération des illusions de l'ego et la manifestation de l'âme.

« La sophrologie est l'étude des phénomènes qui permettent à la conscience humaine d'être transcendantale, l'un de ses buts est de renforcer le côté spirituel. » (Dr R. Abrezol.)

La sophrologie évolutive est une écologie de l'être avec ces trois dimensions :

- soi-même ;
- les relations aux autres ;
- le monde environnant.

En fait, ces trois dimensions ne sont pas du tout séparées.

La sophrologie offre une méthode de connaissance de soi inspirée de la psychologie transpersonnelle et des philosophies de la non-dualité.

Son champ d'application est la vie quotidienne, c'est pourquoi elle est accessible à tous, et se présente comme un art de vivre qui recherche l'équilibre et la sérénité. Il s'agit d'une sagesse, c'est-à-dire d'une philosophie essentiellement pratique.

L'authenticité d'une démarche se révèle dans l'expérience du quotidien.

Le quotidien doit devenir un art de vivre. Et la sophrologie évolutive éclaire le sens de la vie, épanouit la conscience, conduit à la Quiétude et à l'Émerveillement. L'épanouissement est le fruit d'une recherche consciente d'harmonie ; c'est-à-dire de justesse, de cohérence et d'esthétique.

Ainsi, la vie relationnelle est avant tout dépendante de notre état de conscience. Nous sommes des êtres de relation, « *zoon politikon* », disait Nikos. Ce qui peut se traduire par « être social et politique ». En effet, la vie relationnelle est probablement ce qui occupe le plus notre conscience. Il n'est pas possible de se sentir en paix lorsque nous vivons un conflit avec un proche. Prendre soin de notre dimension relationnelle nous amène à explorer nos désirs, nos peurs, nos projections, et donc le contenu de notre conscience.

La sophrologie transpersonnelle nous rappelle que tout commence dans la conscience. « Si je veux que quelque chose change dans ma vie je dois commencer par transformer ma conscience. »

L'attention est la clé de l'évolution de la conscience.

Que ce soit pour améliorer ses relations avec les autres ou tout simplement pour se sentir bien dans sa tête, il est essentiel d'apprendre à bien se connaître en vérité. Un travail sur soi est indispensable à l'épanouissement personnel.

Un travail sur soi implique une pratique régulière, disons quotidienne. C'est la pratique d'un exercice qui transforme la conscience, pas l'accumulation de savoir intellectuel. Le corps est essentiel dans le processus de transformation de la conscience.

Lors d'une retraite de sophrologie, nous pratiquons, du matin au soir, différents exercices à la fois à un rythme soutenu, mais tout en étant dans la douceur et la liberté. Nous alternons des temps en salle et des temps à l'extérieur, des moments en groupe et des moments en solitaire.

Il s'agit de se désencombrer, de se libérer des lourdeurs de l'ego.

Les marches dans la campagne nous libèrent l'esprit des soucis et éveillent nos facultés intuitives. Je l'ai constaté pour la première fois à Patmos. Chaque jour, je grimpais tôt le matin sur les collines, d'où j'avais une vue magnifique sur les côtes découpées de l'île. Souvent, pendant ces promenades, des idées totalement nouvelles et créatrices me venaient. J'en fis part à Nikos qui me confirma que la marche était un exercice de l'hésychia qu'il ne fallait pas négliger. Les récits du pèlerin russe nous le prouvent. Les grandes traditions mystiques considèrent le pèlerinage à pied comme une véritable aventure de purification et de connaissance de soi.

La marche en groupe est aussi un temps fraternel où l'on se parle, où les cœurs s'ouvrent, où les masques sociaux peuvent tomber.

Je découvris, lors de grandes randonnées, qu'en relaxant mon esprit, le corps peut se mettre dans un état de légèreté assez extraordinaire et donner la sensation de flotter. Cela rappelle parfois des états de méditation qui précèdent la quiétude.

L'éveil de la Quiétude peut être résumé par ces trois évidences :

- Acquérir la paix intérieure est la priorité pour vivre bien ;
- Développer la bienveillance qui favorise l'ouverture du cœur, d'où notre relation à l'autre, ainsi que la conscience de notre participation au monde ;
- Comprendre que le développement de l'ego n'est qu'une étape de l'évolution de la conscience humaine, nous pouvons dépasser le plan de l'ego, cela va dans le sens de l'évolution.

La sophrologie évolutive, tout comme l'hésychia, nous enseigne finalement qu'être en harmonie, être serein et épanoui, c'est d'abord et avant tout être en paix avec soi-même, en cela se situe ce vers quoi diriger nos efforts. « Acquiers d'abord la paix intérieure et une multitude trouvera le repos auprès de toi. » (Séraphin de Sarov.)

Aujourd'hui nous sommes dans une société d'activisme et de consommation. Nous avons certes beaucoup de bonne volonté et de générosité, mais nous voulons surtout faire. Or l'important, c'est d'abord, d'être.

Avant ma rencontre avec Nikos, je faisais tant et tant de choses continuellement ! Maintenant, je ne fais rien, mais ça se fait par moi.

Je sais que je suis un élément d'un ensemble vaste qui me dépasse. Ma tâche consiste à m'adapter et à répondre le plus justement possible aux sollicitations de la vie. C'est en ce sens que « je » ne fais rien. Ce n'est pas moi qui décide de tout. Ce que voudrait bien l'ego. Décider, contrôler, maîtriser : c'est le désir de l'ego. Et quand il voit qu'il n'y arrive pas, il sabote.

L'un de nos plus grands problèmes est de vouloir tout maîtriser, et de s'opposer en quelque sorte aux mouvements naturels de la vie. S'adapter me semble plus juste comme démarche que de vouloir contrôler. Un peu d'humilité nous ferait reconnaître que nous ne pouvons que nous adapter à la vie, ce qui est de toute façon un gage de réussite.

La sophrologie évolutive s'appuie sur la psychologie transpersonnelle qui reconnaît que tous les processus de transformation sont déjà présents en nous. Il est nécessaire de savoir les activer. Améliorer sa vie n'est pas difficile en soi, mais implique de se remettre en question. Et entre autres de lâcher le désir de tout contrôler. C'est là que se situe l'obstacle. Car se remettre en question réveille des peurs et donc génère inconsciemment une fermeture. C'est le problème auquel est confronté tout psychologue. L'ego ne supporte pas de se remettre en cause.

Mais comprendre que chacun est le seul maître de son évolution, et que chaque problème de vie est un appel à évoluer, est déjà un pas important d'accompli.

Tout débute par une ouverture : ouverture à de nouvelles idées, à de nouvelles compréhensions, ouverture à de nouvelles possibilités. Il s'agit d'une démarche subtile et rigoureuse qui exige une authentique motivation.

Le processus transpersonnel conduit à une expérience des démarches évolutives qui ne se limitent pas à la personnalité. L'évolution transpersonnelle nous conduit à dépasser l'ego pour nous ouvrir à l'âme ou au soi, source de notre véritable bien-être.

La réalisation de notre véritable bien-être n'est pas le résultat d'une fabrication de la pensée, même si celle-ci est très importante. La pensée doit être claire et cohérente, car c'est elle qui génère nos comportements et nos humeurs. Mais notre bien-être dépend de notre conscience. Il s'agit donc de se libérer des conditionnements et d'éveiller nos potentiels. Il est essentiel d'observer attentivement les mécanismes de la psyché et de ramener de l'ordre dans l'esprit. Il ne s'agit pas de rechercher des frissons ésotériques, mais d'entreprendre une réelle démarche d'évolution.

Devenir soi est un long voyage fait d'interrogations, de découvertes, d'illusions, de désillusions, de remise en question, d'attention et enfin d'émerveillement.

La psychologie transpersonnelle ne se limite pas aux problèmes personnels ; elle ne joue pas seulement sur le territoire de l'ego, mais étudie également les états de conscience où l'ego s'efface et abandonne sa place dominante.

Ce qui ne veut pas dire que cette approche nie l'importance de développer un ego sain. Bien au contraire : c'est à partir d'assises solides et équilibrées que l'être humain peut atteindre d'autres dimensions. De toute façon, l'éveil ne transforme pas l'ego. L'éveil ne produit pas une totale transformation personnelle. Il s'agit d'une ouverture du cœur et non d'un changement des traits essentiels de la personnalité. Simplement, l'ego n'est plus du tout un problème.

Le mental veut essayer de l'expliquer, en le reliant avec une expérience personnelle, mais l'éveil n'est pas une expérience personnelle, puisque le sentiment, la notion, la conscience d'être une personne disparaît. Et ce qui est étonnant c'est qu'« on » le sait déjà. C'est exactement la reconnaissance que l'on a quand « on » rentre chez soi après un long exil.

Les expériences que j'ai vécues m'ont apporté un autre regard, comme une fenêtre ouverte qui invite à ne pas s'installer dans des connaissances acquises. L'ego est utile, il doit se mettre au service du cœur. Nous aurons continuellement à l'utiliser. Et à le perfectionner, pour mieux servir.

L'ego n'étant plus un problème, après l'éveil, l'énergie qui anime l'individu est alors spontanément orientée vers le service.

Par l'éveil, émerge la reconnaissance que la vie, avant cette immense ouverture, n'était qu'un profond sommeil. Alors « on a envie d'aider les autres » à se réveiller. C'est naturel, la transmission va dans le sens de l'évolution.

En tant que pratique, la sophrologie transpersonnelle a pour objet la « pleine réalisation ». Par conséquent, elle se préoccupe de toutes les perturbations résultant de l'enfermement de l'ego – comme cela peut se manifester au moment de crises existentielles ou de ce que l'on appelle des crises d'émergence spirituelle.

Être attentif au stress permet de vivre de façon équilibrée. Une attention continuelle à ce que l'on ressent, sans commentaire ni jugement définit le cinquième degré de la sophrologie transpersonnelle. On l'appelle « la congruence ». C'est la correspondance instantanée entre l'expérience vivante et la prise de conscience. Cette adéquation permet une adaptabilité continuelle à tous les courants de la vie. L'intuition se développe.

Dans cette vigilance, qui n'est pas le résultat d'un effort, l'ego est absent. Et il y a un profond plaisir. Il n'y a plus à se battre ni à craindre quoi que ce soit, mais à jouer comme le surfeur qui s'adapte continuellement aux forces qu'il perçoit. Moment de grande intensité et de vérité, contact totalement intuitif avec la vie, telle est l'expérience de la congruence ; antichambre de l'éveil.

Précisons qu'il y a, sous la dénomination de « sophrologie » plusieurs écoles. Mais toutes ont la même base de travail et le même désir d'aider les personnes à trouver plus d'équilibre, de paix et de sérénité dans leur vie.

Certains trouvent dans la sophrologie une détente globale, et un moyen efficace d'éprouver un calme au milieu d'une vie stressante. D'autres y trouveront un moyen de se retrouver. Le temps de la relaxation, un moment privilégié avec soi-même, tout simplement. D'autres encore y verront un moyen de comprendre leurs émotions, un moyen de se connaître. Car pour vivre bien, les anciens Grecs l'avaient déjà dit : « Connais-toi, toi-même ». Et bien sûr, on peut puiser aussi dans la sophrologie toute une dimension spirituelle, en découvrant la dimension de l'être, et le lien Ciel/Terre.

Chaque instant est unique, chaque séance de sophrologie est unique comme chaque individu est unique. Percevoir l'unicité de chaque instant permet de s'ouvrir à sa richesse. La vivance est la perception de la présence du vivant dans l'expérience de l'instant. Elle conduit à l'intégration d'un bonheur vital.

C'est en développant cette conscience au quotidien, en étant plus attentif, que nous éveillons un dynamisme de conscience qui nous permet de voir la vie de façon résolument optimiste et congruente.

L'éveil de la conscience demande un éveil de l'attention.

Exercices au quotidien

L'attention est l'une des grandes fonctions cérébrales supérieures qui permet de traiter, organiser et acquérir des informations qui détermineront par la suite nos comportements. L'attention participe à un ensemble complexe du traitement de l'information qui permet de gérer la quasi-totalité de nos processus psychologiques. L'attention participe à l'exécution d'une tâche ou d'un acte à travers la mise en œuvre, la poursuite, l'arrêt, ou le passage d'une activité à une autre. L'attention est l'outil essentiel de la connaissance de soi.

Si un mécanicien veut réparer un moteur, il doit en connaître les rouages ; si un homme veut se libérer de l'inquiétude, il doit étudier son propre esprit, et donc devenir attentif à ses fonctionnements. C'est par l'attention que la connaissance intérieure se révèle. C'est en s'exerçant à l'attention que l'on découvre que nous vivons endormis. « Ceux qui cherchent le chemin, je vous en prie, ne perdez pas le moment présent. » (proverbe bouddhiste.)

Voici un exercice d'une grande simplicité, mais absolument fondamental pour vivre la sophrologie, et développer cette façon d'être appelée la « vivance ».

Il s'agit d'une courte méditation appelée le recentrage, ou le rappel, pour se poser et s'apaiser, (re)trouver les sensations du corps, de la respiration, du mental et de leur union, par l'écoute attentive sans jugement.

Ma première impression fut que les essais de recentrage ou d'attention, en essayant d'éprouver les sensations de ce corps, arrêtaient les pensées. Lorsque je suis dans les sensations, le mental s'apaise presque instantanément.

Dans le bouddhisme *theravada*, le souffle est l'objet de méditation le plus courant quand il s'agit de calmer l'esprit. L'attention à la posture est le début du processus de la relaxation. La respiration s'amplifie d'elle-même, naturellement, sans forcer. La perception du corps physique et de la respiration consciemment ressentie, amènent à l'esprit d'éveil.

RECENTRAGE

Commencez par vous asseoir, dans une posture confortable (chaise ou fauteuil)

Massez-vous éventuellement le visage et la nuque (surtout si vous êtes fatigué)

Soyez présent dans votre corps. Respirez, profondément et lentement cinq fois de suite, à votre rythme, sans forcer.

Relâchez-vous profondément après chaque expiration.

Ressentez (quelques secondes)

Prenez votre temps, goûtez toutes les sensations

Étirez-vous puis reprenez vos activités

Respirer équivaut à absorber et rejeter l'air destiné à entretenir la vie. C'est sans doute le concept le plus trivial, à la fois physique, mental et spirituel : si vous cessez de respirer pendant plus de cinq minutes, vous êtes mort.

Respirer, c'est la fonction vitale par excellence.

Les Grecs considéraient la respiration comme le médiateur de l'âme au corps, ils parlaient de « sagesse du souffle ».

Avec la lumière et la nourriture, l'air est une source essentielle d'énergie pour les mystiques indiens ou les lettrés chinois. Il est donc possible d'augmenter considérablement notre énergie si nous respirons correctement. Une bonne respiration, c'est la vie, plus encore elle lui confère une qualité supérieure.

C'est cette qualité de vie qui nous intéresse.

Respirer est un acte naturel, que nous effectuons sans y penser. Cela s'appelle une fonction végétative. La respiration est la seule fonction vitale dépendante du système neurovégétatif que l'homme puisse maîtriser. Participant à la régulation du système nerveux, de la circulation sanguine, la fonction respiratoire est bien entendu capitale d'un point de vue physiologique. D'un point de vue psychologique, la relation entre respiration et état émotionnel n'est plus à prouver : la vie psychique influe sur la respiration, la respiration influe sur la vie psychique.

Lorsque le niveau d'anxiété s'élève, la respiration devient plus rapide. C'est ce que l'on appelle une polypnée. Elle a pour conséquence d'aggraver la situation et les symptômes anxieux (rythme cardiaque accéléré, sueurs, tremblements...).

Il est avantageux de connaître son véritable ennemi !

Les tensions, l'excès de stress, la société de consommation, le « toujours plus », « toujours plus vite », « toujours plus haut », la surenchère publicitaire, la colère, la peur, les blessures non résolues contractent les muscles de notre abdomen et rendent notre respiration plus haute. L'éducation, la vie sociale modifient la respiration naturelle et profonde : elle devient thoracique et superficielle et produit une mauvaise oxygénation de l'organisme et une élimination insuffisante des déchets gazeux. Pour améliorer cela, il est important d'apprendre à bien respirer. En vous initiant vous aussi, vous pourrez maîtriser vos émotions, vous retrouverez le calme dans les moments de stress. Apprenons ou plutôt réapprenons à respirer avec l'abdomen, faisons de cette pratique, une pratique volontaire, consciente. Les bienfaits en sont réels et très utiles.

Inspirer et expirer ne suffit pas à définir une bonne respiration. Nous effectuons en moyenne 15 000 respirations par jour : cela vaut la peine d'en effectuer une partie amplement et en pleine conscience afin de profiter pleinement de ses bienfaits. Pour nous libérer des habitudes figées acquises au cours de notre histoire, nous apprenons à respirer de façon consciente. Tout apprentissage étant progressif, commençons à pratiquer ces exercices quand tout va bien, c'est-à-dire en dehors des périodes de contrariété, peu à peu le positif se généralisera aux situations plus difficiles.

Prendre conscience de sa respiration

Prenez une position la plus confortable possible, fermez les yeux. Portez tout simplement votre attention sur votre respiration. Laissez-la aller naturellement, et mentalement suivez le trajet de l'air de vos narines jusqu'aux poumons, de vos poumons jusqu'à vos narines, prenez bien conscience des différences de température de l'air, puis de votre corps qui bouge pendant les respirations : dilatation des narines, cage thoracique qui s'élargit, côtes qui se soulèvent, va-et-vient de votre abdomen. L'observation de la respiration est un des meilleurs moyens de développer l'attention au corps.

Respirer par le ventre

Il y a deux types de respiration : thoracique et abdominale. La respiration de détente doit être abdominale. Le haut du corps ne bouge pas et l'abdomen se gonfle et se dégonfle lentement. C'est de cette façon que respire l'être à l'état naturel. Les bébés, du reste, ont normalement une respiration abdominale.

Allongez-vous, posez une main sur votre ventre, juste en dessous du nombril, et l'autre sur la poitrine, puis respirez comme vous en avez l'habitude. Vous constaterez que seule votre cage thoracique se soulève. Nous allons donc apprendre à respirer correctement avec le diaphragme, d'une façon aisée, ample et naturelle. Il est préférable de s'exercer en étant couché sur le dos, car dans cette position il est plus facile de relaxer la musculature abdominale. Plus tard, vous pourrez respirer avec le diaphragme en toutes circonstances, même en marchant ou en courant.

Pour être vraiment à l'aise, il est souvent utile de placer un coussin sous les genoux pour diminuer la cambrure lombaire.

Fermez les yeux afin de mieux vous concentrer. Avant l'exercice, prenez soin d'expirer à fond plusieurs fois en poussant quelques soupirs pour chasser les derniers restes d'air.

Fermez la bouche, inspirez par le nez, vous ne gonflez que le ventre, les épaules restent basses. Expiration lente et profonde en rentrant progressivement le ventre. Puis inspiration à nouveau en gonflant bien le ventre... Enfin, soufflez une dernière fois par la bouche toujours lentement, en rentrant bien le ventre.

Lorsque vous adoptez ce type de respiration, vous améliorez l'oxygénation de vos cellules et vous augmentez l'évacuation de déchets gazeux. En plus, vous régularisez votre rythme cardiaque et vous abaissez votre niveau de stress.

Faites cet exercice de respiration abdominale le plus souvent possible : en voiture, en travaillant, dans une file d'attente. C'est l'exercice répété au quotidien qui produit de réelles transformations.

Respiration-ressource

Inspirez en gonflant bien la paroi abdominale, puis retenez l'air quelques instants en formulant une courte phrase ou un mot positif (détente, calme, paix...) enfin sur le temps d'expiration, diffusez le mot ou la phrase dans votre corps, dans votre mental. Prenez l'habitude de respirer de cette façon car elle changera la couleur de votre vie. Pour vous habituer, je vous encourage à la pratiquer 4 à 5 fois par jour, durant 3 à 4 minutes. En dehors de ces pratiques, vous pouvez respirer de cette manière lorsque vous vous promenez dans la nature, écoutez de la musique, pratiquez un sport, regardez un film. Demeurez alors sensible à l'effet procuré dans cette situation.

La respiration dynamique

Pour ce dernier exercice, vous êtes debout, les jambes écartées de la largeur du bassin, les pieds bien à plat sur le sol. La tête est droite, souple et les épaules sont basses. Inspirez par le nez et élevez les coudes fléchis jusqu'à la hauteur des épaules. Les mains sont complètement relâchées.

En expirant par la bouche, amenez les bras tendus au-dessus de la tête. Regardez vers le haut et grandissez-vous.

Inspirez par le nez en abaissant les bras sur le côté, les coudes fléchis, comme pour commencer l'exercice. Enfin sur l'expiration suivante, ramenez les bras le long du corps. Vous pouvez réaliser cet exercice 3 ou 4 fois de suite.

Je demande souvent à mes élèves de refaire ces exercices quelques minutes, chaque jour, de façon à créer chez eux un réflexe de détente instantanée. Ils sont eux-mêmes étonnés de la simplicité des exercices et des bienfaits des résultats.

Alors je vous invite aussi plusieurs fois au cours de votre journée, à intervenir volontairement sur votre respiration. Pratiquez une respiration abdominale de façon consciente et jugez des résultats. Vous vous sentirez plus calme, plus serein, vous développerez une maîtrise de vos émotions et prendrez du recul face aux tensions.

Calme ou haletante, profonde ou saccadée, notre respiration reflète notre état émotionnel. L'activité respiratoire est le meilleur moyen de se connecter à son corps et aussi de prendre contact avec ses profondeurs.

Un jour, lors d'un stage intensif de sophrologie, après une séance axée sur le souffle, Michel un participant qui souffrait de mal de dos depuis des années me dit que ses douleurs avaient complètement disparu. Je le revis un mois plus tard et il confirma qu'elles n'étaient pas revenues. Pourtant, médicalement parlant, ces douleurs ne pouvaient pas disparaître puisqu'elles étaient dues à une usure des disques vertébraux. Je ne suis pas médecin, et ne peux donner d'explications, mais je sais que cet exemple de Michel n'est pas un cas unique.

« Inspirant, je ressens, expirant, je souris. »

La respiration est un élément très important du yoga, et aussi de l'hésychia. « Que le Nom de Jésus soit uni avec ton souffle » (Climaque).

Pendant mon séjour avec Nikos, je pratiquais chaque matin et chaque soir, dans ma chambre, des exercices de respiration profonde. Cela avait un effet surprenant. Parfois je sentais un dynamisme tellement intense qu'il me fallait aller marcher de long en large sur la plage pour libérer l'énergie. D'autres fois mon esprit se retrouvait dans un état de calme et de paix si totale qu'il me semblait que ma respiration était arrêtée. L'esprit était alors intensément conscient, il me semblait percevoir des auras d'énergie autour des arbres que je voyais par la fenêtre de ma chambre. D'autre fois, je ressentais que ma conscience n'était pas limitée à mon corps et qu'elle emplissait toute la pièce avec ce qu'elle contenait.

Tout cela était fort agréable, mais au début je trouvais inconfortable que cela dure trop longtemps. Cela mettait aussi trop en question ma perception du réel. Et je sentais parfois comme une inquiétude, est-ce que cela va m'empêcher de vivre normalement ? Car je sentais qu'en moi des choses changeaient. J'en parlais à Nikos qui me rassura et me dit d'accepter ce qui se passait sans s'y attacher, ni le redouter. Et cela en effet ne me dérangea plus. Nikos me mit en garde aussi de ne pas exagérer dans cette pratique.

Après l'expérience à Patmos, quelque chose avait changé en moi. Je me sentais libre, léger, vaste, sans aucune pression intérieure. Je ne cherchais plus rien, ni à acquérir, ni à me protéger, ni à fuir, ni atteindre quoi que ce soit. Et en même temps je me découvrais très créatif. Les événements de ma vie m'apparaissaient suivre « une logique évidente ».

Quelques années plus tard je devins sophrologue. Je ne vais pas dire par hasard, mais c'est arrivé tout à fait simplement, sans que j'y réfléchisse. Les événements se sont succédé avec une rapidité, une facilité et une évidence.

Il y a des moments dans la vie où tout semble nous porter. Comme si un vent divin nous poussait à faire telle démarche, à nous déplacer à tel endroit. Et tout semble s'enchaîner très facilement pour aboutir à un résultat particulier.

Aujourd'hui, je me demande si, en fait, toute notre vie ne serait pas guidée par ce vent. Avec des périodes plus ou moins intenses. Non pas que nous soyons des marionnettes. Il me semble que nous avons une liberté. Nous pouvons nous laisser pousser par le vent, ou nous y opposer. Mais je me demande si de la même façon qu'il y a des nécessités biologiques qui nous poussent à assurer notre survie, il n'y aurait pas aussi des forces qui nous poussent à assurer notre plein épanouissement.

Et peut-être que si nous étions plus à l'écoute des vents et donc plus humbles, beaucoup de choses seraient moins compliquées.

La sophrologie me présentait une méthodologie simple pour aider mon prochain. À la fois pour des problèmes tels que la phobie ou le trac, mais aussi pour résoudre les questions existentielles les plus subtiles, jusqu'à l'accompagnement sur le chemin spirituel de la quiétude… Ce qui bien sûr m'intéressait avant tout.

Car la voie de la quiétude n'est pas une démarche qui conduit à un isolement, ceci n'est qu'une étape. Arrive un moment où cette richesse découverte doit être partagée, transmise. C'est l'ordre naturel de l'évolution. Cela peut advenir spontanément tout au long du quotidien. Ou cela peut passer par une forme structurée d'enseignement, de formation, de cours…

Un jour, je dis à Nikos : « Bouddha fonda des monastères, Socrate débattait dans les rues d'Athènes, St Paul organisait des communautés dans tout l'Empire romain, Krishnamurti créa des écoles, pourquoi restez-vous sur votre île ? » (je n'osais pas ajouter : « sans rien faire »). Il sourit, me regarda un long moment puis dit : « Certains maîtres se font connaître par des miracles, d'autre part leur éloquence, d'autres ne font rien de spécial ». Puis il me rappela que les abeilles sont naturellement attirées par les fleurs. Et que leur tâche est de libérer le parfum, le reste dépend d'Eole (dieu des vents). « Je ne suis venu que pour quelques abeilles », me confia-t-il mystérieusement.

La grandeur de Nikos ne provenait pas d'une culture livresque, mais de son humble observation de la vie, et des souffrances qu'il avait traversées. Ces souffrances l'avaient rendu humble. Non pas effacé, mais humble. L'humilité consiste à reconnaître ses qualités, et à admettre qu'en fin de compte on n'y est pas forcément soi-même pour grand-chose.

Un jour, alors enfant, je demandais à mon grand-père pourquoi les rivières de la terre coulaient toutes dans l'océan. Il répondit : « Car il est lui-même placé plus bas que toutes les rivières et ainsi les attire vers lui. » Je crois que cela caractérisait parfaitement la personnalité de Nikos.

Ainsi il y a des lois physiques qui gouvernent le monde matériel, des lois psychiques qui gouvernent le monde psychique et des lois spirituelles qui gouvernent l'évolution humaine. Il est bon de connaître toutes ces lois, afin de mener une vie harmonieuse. Pythagore fut un grand précurseur dans ce domaine. Il étudia les lois de l'harmonie avec les nombres. Et fit avancer la musique, les mathématiques, l'astronomie, l'architecture, la médecine, l'éthique…

Il proposait tout un enseignement holistique de l'être, comme la sophrologie transpersonnelle aujourd'hui. Avec une attention au corps, à la vie relationnelle, à la vie intellectuelle et la conscience spirituelle.

Application pratique

Pour expliquer concrètement le processus de la sophrologie on peut, en simplifiant, parler d'un double apprentissage : l'éveil de l'attention pour développer la vivance et l'intégration de l'état modifié de conscience (E.M.C.) sophro-liminal, qui se situe entre veille et sommeil pour s'ouvrir à des possibilités nouvelles et positives.

L'inconscient libéré des blocages du mental deviendra un allié. L'E.M.C. peut être utilisée dans un but de thérapie et de développement personnel, car il va permettre une modification des sensations, des pensées, de l'image de soi et au-delà, il pourra se conjuguer avec l'état méditatif.

« Chaque être doit gagner sa liberté. Le combat que chacun est amené à livrer se déroule loin des champs de bataille, il se passe à l'intérieur. C'est une lutte pour libérer le meilleur de soi. » (G. Corneau.)

L'intérêt de la sophrologie est son côté pratique. Elle peut permettre de résoudre de nombreux problèmes et libérer le meilleur de soi.

Dans la pratique, la sophrologie nous conduit d'abord à développer la conscience corporelle. Ce qui signifie en premier développer les sensations, la souplesse, la coordination du mouvement. Cela désigne aussi la capacité de sentir l'état de tension des muscles, la pression, la position, le mouvement dans les articulations, l'équilibre. Cela fait écho aux maîtres de l'hésychasme qui ne cessent de recommander avant tout d'être attentif à soi-même, de rentrer dans son cœur ; ou, selon l'expression de saint Jean Climaque, de « circonscrire l'esprit dans le corps » au lieu de le laisser se disperser au dehors.

L'activation sensorielle commence par des enchaînements de mouvements codifiés, effectués avec une lenteur sensorielle extrême.

Des mouvements physiologiques simples permettent aux muscles de se détendre, et aux articulations de déployer tout leur potentiel. Le rythme d'exécution des exercices permet d'être à la fois acteur et spectateur du mouvement effectué, de se familiariser avec la « lecture » de ce qu'il suscite en soi, de ses sensations.

La sophrologie évolutive concerne autant la personne en quête spirituelle que la personne cherchant à résoudre des problèmes de santé directement liés au psychisme. En tant que sophrologue thérapeute, il m'est arrivé de venir en aide à des personnes phobiques.

Une phobie est une crainte, aversion, peur pathologique et injustifiée de certaines situations, objets, animaux, ou personnes. La phobie peut devenir obsédante et donc représenter une contrainte dans le quotidien de la personne qui en souffre.

Dans ce domaine, la sophrologie va permettre à la personne concernée d'apprendre d'abord à gérer son stress. Elle va permettre au sujet de maîtriser, de contrôler le malaise, d'abord en déplaçant son attention du mental au corps, avant de « vouloir lutter contre ».

Après l'apprentissage du processus de la relaxation nécessaire pour gérer le stress créé par la phobie, il s'agira de faire appel à des contenus positifs de l'esprit, afin de modifier les sentiments négatifs qui prennent souvent beaucoup de place chez un malade. Cultiver des sentiments positifs diminue l'intensité de certains troubles, je l'ai souvent constaté. En adaptant des images positives qui apportent des sensations de calme, de sécurité, on va petit à petit désamorcer les effets négatifs d'une phobie, jusqu'à ce qu'elle disparaisse. Et au bout du compte, il n'y a pas eu de « lutte contre ». Tout peut se faire en douceur.

La fibromyalgie est un syndrome se caractérisant par des douleurs chroniques diffuses (musculaires, articulaires...) et une extrême fatigue physique et psychique. Une personne fibromyalgique souffre également d'irritabilité et d'un sommeil non réparateur. Elle va alors se sentir de plus en plus mal dans son corps et dans sa tête, ce qui l'empêchera de connaître toute forme de sérénité et de bien-être. La personne risque de tomber dans un état de solitude et de détresse extrêmes.

Les traitements médicaux comportent un accompagnement psychologique, psychocorporel et de la relaxation.

La sophrologie est donc tout à fait recommandée pour apprendre à la personne à se réconcilier avec ce corps qui la fait tant souffrir et l'amener dans une zone de confort émotionnel, psychique et physique. Avec la sophrologie, nous disposons d'outils et de techniques adéquates et répondons à ces souffrances, toujours dans le seul but de rendre le quotidien de ces patients plus agréable.

Asthmatiques, maîtrisez la crise

C'est l'anxiété qui déclenche la crise d'asthme et la crise d'asthme accentue l'anxiété. Un cercle vicieux auquel on peut mettre fin avec la sophrologie, rassurez-vous. Voici l'avis du Dr Rager, un spécialiste : « Même quand l'asthme est lié à une broncho-pneumopathie chronique avec emphysème, de notables améliorations peuvent être obtenues par sophronisation. En effet, la fréquence et la gravité des crises diminuent du fait de la réduction de la peur et de l'angoisse ». Il faut bien sûr rétablir l'harmonie chez le malade, ce qui demande un gros effort, mais aussi supprimer l'appréhension de la crise en lui donnant les moyens de blocage du phénomène au premier symptôme, à la première angoisse. Il faut créer chez lui un phénomène automatique de parade par un signe psychologique qu'il déclenchera lui-même. Son inconscient fera le nécessaire. Il faut lui faire découvrir ce pouvoir qu'il possède en lui.

L'asthmatique est une personne qui doit se relaxer en permanence afin de faire barrage au stress et aux contrariétés de toutes sortes.

L'insomnie, quel que soit son niveau de gravité, résiste rarement à la sophrologie. Il suffit même, parfois, de quelques séances individuelles pour retrouver un sommeil normal. Dès lors, on peut se demander : « Pourquoi prendre des somnifères ? ». Par manque d'informations, peut-être. Mais aussi parce qu'il peut paraître plus facile de prendre une pilule.

Toutes les études médicales le confirment, le somnifère ne peut être une solution définitive. On ne peut impunément s'endormir chaque soir avec une drogue, laquelle va petit à petit vous détruire, d'autant qu'au bout de quelques mois, elle n'a plus d'action par elle-même, il ne reste plus que l'effet placebo.

Un sommeil artificiel produit de la sorte ne peut vous apporter le repos dont votre organisme a besoin. Le docteur Abrezol prétend que, deux semaines après l'ingestion d'un somnifère, on trouve toujours des traces de barbiturique dans le sang. On peut légitimement s'interroger sur les conséquences chez une personne qui en prend de façon régulière.

Pour bien dormir, il faut suivre une procédure, installer cette conviction. « Je vais bien m'endormir », puis pratiquer des respirations ventrales lentement.

Si curieux que cela puisse paraître, la volonté n'a aucun pouvoir sur l'inconscient, qui commande nos comportements. Ce dernier est régi par l'imagination et commandé par suggestion et autosuggestion.

Lorsque la relaxation commence, dites : « Je m'endors facilement et profondément ». Et l'inconscient, s'il est bien disposé fera le nécessaire.

En fait, le problème à l'endormissement provient souvent d'un blocage inconscient.

Le trac est un trouble émotionnel, avant tout rattaché à la peur du jugement d'autrui, il se traduit par une anxiété irraisonnée. L'organisme réagit sur le plan psychique en exprimant son émotivité à travers la peur, et sur le plan physiologique, par des manifestations telles que tremblements, palpitations, sueurs et rougeurs, etc. Localisée dans la gorge, le cœur, ou au creux de l'estomac, la peur est souvent accompagnée d'une sensation d'étouffement et de constriction thoracique, de palpitations fréquentes avec parfois un malaise physique indéfinissable. Le plus visible des symptômes moteurs est le tremblement qui affecte surtout les mains, les bras et les jambes. Dans certains cas, il se généralise à tout le corps.

Comment maîtriser son trac ? Rien de plus normal que de ressentir cette appréhension intense et passagère avant une épreuve importante. L'essentiel est de parvenir à la contrôler. Bien maîtrisé, le stress peut même devenir un moteur pour vous pousser à donner le meilleur de vous-même.

Dans la plupart des cas, le trac ne surgit pas de la situation à vivre mais dans notre manière de l'appréhender. Son traitement réside dans la compréhension du problème mais surtout dans la transformation des modes d'apprentissage ; ceux-ci devraient associer pensées, gestes, contrôle de soi à travers les techniques de respiration et de relaxation. Si le trac vous paralyse au point de vous faire perdre tous vos moyens, cherchez quelle expérience négative qui remonte à la surface expliquerait votre blocage. Toute situation stressante trop difficile à gérer renvoie à une situation vécue dans le passé, et non résolue sur le plan psychique. Aussi, si votre gêne est trop invalidante, une sophrothérapie peut-être un bon soutien pour vous permettre de faire la paix avec vos émotions.

Après la description de quelques exercices, rappelons que finalement c'est toute la vie qui est un exercice de recherche d'équilibre et de quiétude.

Et le moyen d'y parvenir n'est pas de résoudre nos problèmes les uns après les autres, car cela peut être sans fin, et il est plus efficace de dissoudre l'origine même des problèmes : l'ego immature.

Cette perspective me semble intéressante. Je le compris en pratiquant intensément la sophrologie évolutive.

Nous pouvons en effet traiter chaque problème, l'un après l'autre, à mesure qu'il se présente même s'il est décourageant de constater qu'il y a continuellement des problèmes.

Une phrase d'Assagioli me confirma ce que je pressentais : « Au niveau de l'ego, il y a toujours des problèmes, au niveau de l'âme il n'y a pas de problèmes. »

L'âme, c'est le soi, la conscience au-delà de l'ego, qui est découverte lorsqu'il n'y a plus de divisions intérieures. La pratique des différents degrés de la sophrologie évolutive conduit à la réconciliation avec sa vraie nature, c'est aussi la réconciliation avec l'ensemble de la vie – comme nous y conduit l'hésychasme. L'éveil de la conscience est le chemin progressif d'intégration. Intégrer, c'est se rapprocher de l'unité, se rapprocher de l'Un.

Pour cela, les techniques de méditation et de clarification sont de la plus grande utilité. L'esprit évolutif, c'est d'abord Voir le Tout, en s'entraînant par la méditation et la pleine conscience. C'est ensuite accueillir toutes les parties d'un tout dans leur multiplicité, leur diversité, afin de contribuer à leur unité, en s'entraînant à l'ouverture du cœur, loin des complexifications du mental.

La vie est un mystère. On peut faire des hypothèses sur l'évolution de la conscience au niveau individuel et collectif. Mais cela ne reste que des hypothèses.

Pour la sophrologie évolutive il s'agit juste de rendre compte d'un mouvement, d'un processus mais sans l'idée d'un système clos sur lui-même.

Les maîtres de l'éveil nous parlent plus des erreurs qui nous freinent sur notre chemin d'évolution que de théories grandioses sur les mystères de la vie.

Leurs enseignements s'attachent davantage à enlever les blocages et les freins qui empêchent de se sentir, d'être en accord avec soi et de se réaliser.

Arrive un moment où le mental n'est plus adéquat comme instrument de connaissance, l'intuition prend le relais. Et la petite voix de l'intuition se perçoit lorsque le mental est tranquille.

La Quiétude

Le soleil s'était couché, et la température était agréable. La lune commençait à apparaître à l'horizon. Nikos m'avait simplement dit : « Viens, on va écouter le silence ». Il me conduisit sur un petit sentier à flanc de colline, surplombant la mer. Une douce brise soufflait du large. Ce chemin était une voie très ancienne, des milliers de pieds l'avaient foulé avant nous, et il était aussi riche de traditions que de silence. Un oiseau traversa le ciel, sans bruit.

Je me sentais bien, dans une grande paix intérieure. Nous passâmes une partie de la nuit au sommet de la colline, tranquille, sans parler. Je ressentais une présence de paix intense. Tout apparaissait à sa juste et parfaite place.

À un moment, Nikos se leva et me dit : « Reste là, je reviens ». Et il disparut dans la pénombre. Je restais là, à goûter le calme. Une demi-heure s'écoula, je commençais à me demander où il était passé. Au bout d'une heure, j'étais tendu dans une écoute de tous les bruits qui auraient pu indiquer son arrivée. Deux heures après, j'étais énervé, me posant toutes sortes de questions quand Nikos réapparut. Il ne dit rien, mais je vis alors comment mon mental avait repris le dessus pour me faire perdre le doux bien-être de la méditation sous la lune.

La quête du bien-être est la priorité chez tout être humain. Recherche souvent bien maladroite. Le psychologue Paul Diel a présenté une théorie intéressante sur les deux voies de l'épanouissement et de l'évolution.

La première voie est la recherche du bien-être dans une conformité sociale. Dans cette voie, on se construit collectivement, soutenu par la croyance que l'adaptation à la société produit le bien-être. Cette démarche conduit souvent à de nombreux conflits intérieurs.

La deuxième voie est celle de l'intériorisation, de la quiétude. Cette voie concerne des personnes qui se mettent en marche parce que, pour elles, une recherche personnelle est devenue essentielle. Cette voie est celle de la connaissance de soi, illustrée par Socrate ou Bouddha, mais aussi celle de certains mystiques.

L'histoire des civilisations montre que les engagés sur la voie de la quiétude ont souvent marqué très profondément la culture de leurs peuples pour le long terme, pensons entre autres aux philosophes grecs, aux Esséniens, aux Pères du désert, aux bénédictins, aux soufis, aux lamas du Tibet.

Les psychologues contemporains rejoignent les spirituels. Reprenant les travaux de Maslow et la pyramide des besoins, Paul Diel nous éclaire sur les motivations des êtres humains.

Les ancêtres de l'homme, encore dans l'animalité et son innocence, n'étaient pas conscients de leur être intérieur. La vie collective a stimulé leur inventivité et leur a permis de dominer rapidement tous les écosystèmes de la planète. Mais ils ne sont devenus pleinement des hommes que lorsque leur équipement neuronal les a fait passer de l'état de non-conscience à l'état de conscience, et à forger des mots pour le dire et pour questionner.

Paul Diel nous dit que si les hommes ont pu développer des nouvelles capacités intellectuelles ce n'est pas seulement pour dominer le monde. Pour Paul Diel, cela équivaut pour l'humain à gâcher ses potentialités. L'humain est appelé à aller au-delà de ce qu'il est actuellement, il n'est pas au terme de son évolution.

Chaque être humain doit comprendre qu'il est de sa responsabilité de faire bon usage de ses capacités de conscience. Chacun de nous a trois options :

- soit oser se lancer dans l'inconnu en explorant les richesses de son être intérieur, en s'orientant vers la lumière : c'est l'option de la surconscience.
- soit accepter l'atrophie progressive de ses capacités intellectuelles par manque d'usage : c'est l'option de la platitude et du conformisme social.
- soit se laisser entraîner par les tendances lourdes issues de notre passé animal, et exacerber ses capacités intellectuelles en vue de la domination des autres et de la sursatisfaction de ses besoins élémentaires : c'est l'option de la subconscience.

Pour Paul Diel, le mythe grec de Prométhée et le message de Jésus, ont la même signification symbolique, ils redisent cette vérité commune sans cesse redécouverte à toutes les époques culturelles : « Ce qui est certitude, c'est que seul l'esprit de vérité est source de satisfaction, de joie et de vie ».

Ce qui nous amène à nous interroger sur les moyens de trouver cet esprit de vérité ? C'est ce que Paul Diel appelle la « voie de la quiétude ».

« La personne humaine n'est pas seulement un être parmi les êtres, mais un centre de conscience se structurant par rapport à lui-même et aux autres, s'orientant grâce à la volonté vers son principe unificateur ».

Dans les grandes religions et philosophies orientales, des individualités puissantes ont été les inventeurs de courants dits « mystiques » conduisant des milliers et des milliers de personnes sur le chemin de la recherche de l'Essentiel. Il est remarquable que les recommandations faites par les maîtres spirituels et les pratiques de communautés appartenant pourtant à des systèmes de pensée extrêmement divers se ressemblent en fin de compte beaucoup.

Notre époque est favorable à un regain d'intérêt pour la voie de la quiétude.

Car l'homme est ainsi comparable à un papillon pleinement développé mais encore enfermé tout fripé dans le noir de son enveloppe chrysalidienne, après une longue existence de chenille rampante. Il faut qu'il finisse par se décider à la crever, pour s'envoler dans la lumière de l'azur. On peut comprendre qu'il hésite longuement devant ce saut dans l'inconnu.

Pour certains, l'hésychasme peut être considéré comme le yoga du christianisme, dans le sens où le corps, la respiration, la posture et l'attitude mentale interviennent en un tout harmonieux. Le but étant de parvenir à la quiétude.

Pour Nykos, l'hésychaste est celui qui vit dans la quiétude. Non pas qu'il n'ait plus d'émotions, il serait alors semblable à un meuble ! Non l'hésychaste vit et agit tout en demeurant tranquille au dedans.

L'hésychasme en tant que discipline et philosophie implique le corps dans la méditation et devient ainsi une voie d'expérimentation d'état de conscience.

La pratique est en grande partie focalisée sur le cœur, organe symbolisant l'amour ainsi que les valeurs supérieures de l'humain.

Le pratiquant focalise son attention sur le cœur pendant qu'il se concentre parallèlement sur la posture et le souffle, on rejoint là encore certaines formes de méditation orientale.

À cette focalisation sur le cœur, ou centre de la poitrine, s'ajoute la récitation verbale d'un mot choisi ayant un fort potentiel symbolique pour le pratiquant. La répétition du mot (facilitant la relaxation psychocorporelle) a pour objectif de faire cesser l'agitation mentale. Les orthodoxes, par exemple, invoquent le nom de Jésus.

L'hésychasme comme toute pratique psychocorporelle transpersonnelle tend à développer en l'humain des capacités latentes, vers une certaine sérénité intérieure et un développement des qualités du cœur : bienveillance, entraide, coopération au détriment des facultés de compétition et de dominance.

Pour bien cerner l'hésychasme, il ne faut pas y voir uniquement une pratique religieuse, mais une méthode de développement personnel qui amène le pratiquant à une unité corps-esprit. Comme dans le zen ou le yoga, le pratiquant passe par une phase de relaxation psychosomatique liée à la régulation de la respiration qui active le système lymphatique. Ce qui est recherché est un dépassement des pulsions de l'ego.

Non pas une destruction du moi, mais une compréhension de toutes ses influences, ses imageries, afin d'accéder à la réalisation d'une totalité psychique dénommée le soi, rassemblant en elle les contraires et offrant empiriquement les caractéristiques du « dieu intérieur » dont parle l'hésychasme de manière symbolique, que l'on pourrait aussi appeler la source de sagesse. Carl Gustav Jung considérait les hésychastes comme des psychologues de l'ère ancienne, dans le sens où la véritable signification du mystique n'est pas la croyance ou le dogme, mais l'expérimentation d'une sagesse dans le réel quotidien. Pour entrer en contact avec la source de toute vraie sagesse, il faut d'abord devenir simple et paisible. Car c'est cela la quiétude : être simple et paisible. Dans cet état, l'être est totalement unifié, totalement en Paix, dans la Quiétude.

Cette expérience de la quiétude permet de prendre conscience que l'individu contient en lui-même la totalité, concentrée en son noyau intime.

Et cela pourra s'éprouver et se traduire de différentes façons, selon la sensibilité et la structure psychologique de chacun. Cependant, nous savons bien qu'avant de connaître la Quiétude nous expérimentons abondamment l'« in-quiétude ».

Nous l'avons vu, l'inquiétude est une opération intellectuelle qui consiste à imaginer et extrapoler, à partir du présent, une situation plus ou moins désagréable et à se faire du souci à son sujet. L'inquiétude engendre un grand nombre d'émotions.

Bien qu'elle ne soit pas elle-même une émotion, elle présente des similitudes avec la peur. D'abord, comme la peur, l'inquiétude ne porte pas sur le présent mais sur un événement futur possible. La personne qui s'inquiète s'appuie sur des événements présents pour anticiper la situation appréhendée.

Ensuite, comme la peur, l'inquiétude s'alimente à même l'imagination. Réaliste ou irréaliste l'inquiétude est toujours hypothétique, toujours le fruit de notre imaginaire. Et aussi, de même que la peur, l'inquiétude est subjective. En fait, pour qui observe bien, notre ego aime l'inquiétude, il s'en nourrit.

Mais l'état de Quiétude est beaucoup plus facile à expérimenter qu'on ne le pense. Quelques jours de pratique nous le permettent. Y demeurer, en vivre tout au long de la journée, de façon permanente est tout autre chose. La conscience pour se stabiliser a besoin d'un long entraînement.

« Le sentier qui mène à la Quiétude n'est pas trop difficile, mais bien peu sont ceux qui le parcourent jusqu'au bout. »

Je ne prenais pas ses paroles trop au sérieux quand Nikos me les dit, car je baignais alors dans un grand bien-être, un profond sentiment d'unité où tout semblait facile.

Mais les jours qui suivirent cet entretien, je me sentis lourd, sans énergie, sans goût. « C'est la convoitise qui attire le diabolos », m'expliqua Nikos. « Tu veux conserver ce que tu connais, tu désires garder indéfiniment cet état, et c'est justement cette convoitise qui détruit la Quiétude. Tu es divisé entre ton désir et la réalité, cette division c'est le diabolos [celui qui désunit, en grec]. »

Il est souvent intéressant de revenir à l'origine des mots pour comprendre des concepts que la réflexion humaine peut déformer avec le temps.

Si tu demeures vigilant à accueillir chaque journée avec la fraîcheur et l'innocence d'un enfant, tu seras pleinement vivant, totalement un avec l'expérience de chaque nouveau jour. Alors il n'y aura plus de division entre toi et la vie. Tu deviendras un. Tu sortiras du temps.

La conscience s'ouvrira à l'intemporel.

Et cela exige une réelle transformation.

« Après avoir transformé ton âme complètement, tu pourras te défaire de la mort et devenir un dieu immortel. » (Pythagore, *Les Vers dorés*.)

La Métanoïa

Il y a des moments, bien que trop rares peut-être, où un individu comprend la nécessité d'une vraie conversion, le besoin de changer d'orientation et de recommencer sur des bases nouvelles. Ces moments nous rappellent non seulement que nous nous sommes écartés de la Justesse mais surtout que l'égoïsme nous a fait perdre notre humanité.

En nous détachant de ce qui nous rend humains, nous devenons insensibles aux besoins de nos prochains et aux nôtres. La souffrance, la crise invitent à une transformation, à une métanoïa.

« *Meta* », en grec, c'est le changement et « *noûs* » signifie l'esprit.

Dans la Grèce antique, la métanoïa signifiait une mutation, un changement fondamental, une véritable conversion de la pensée. Il s'agit de transcender nos clôtures mentales pour favoriser un changement de conscience.

Alors que « métamorphose » exprime un changement au niveau de la forme, « *métanoïa* » exprime un changement d'état d'esprit, un changement de mentalité. Changer ses habitudes, tout le monde se donne de bonnes raisons pour l'éviter. Car, soyons lucides, le changement fait peur ! Et pourtant, il est indispensable car c'est la source de toute évolution. « Nous ne pouvons pas résoudre un problème avec la même pensée que celle qui l'a créé. » (Einstein.)

Les processus de transformation ont fasciné les sociologues. Pour souligner le caractère radical de telles transformations, ils emploient aussi le terme « métanoïa » qui implique l'idée d'une mutation et d'une renaissance. Ils insistent sur les techniques particulièrement poussées de déculturation et reculturation qui, comme dans le travail pédagogique sont nécessaires pour produire chez l'individu de nouvelles dispositions. De nouvelles manières de penser, d'agir et de sentir se créent et seront aussi solides que celles acquises lors des quinze premières années, pour la construction de l'ego.

Pour les chrétiens orthodoxes, la métanoïa est la conversion, le retour à Dieu, le fait de se détourner de l'erreur pour se tourner vers la vérité.

La métanoïa, c'est aussi la conversion en mathématiques, c'est-à-dire le changement de direction pour aller dans le sens opposé ou le changement de dimension d'unité.

La métanoïa c'est l'opposé de la paranoïa, qui signifie être sur les côtés : ne pas être là, où ça se passe, avoir l'esprit en dehors du réel. Alors que la métanoïa, c'est être absolument sur le réel, être au centre. La métanoïa est donc une invitation à découvrir qui je suis au-delà des jugements habituels de ma pensée.

De temps en temps nous avons besoin d'une métanoïa, un renversement intérieur profond, un changement du regard et du cœur, dans la famille, dans le travail, les relations avec nos camarades, un changement d'idées, d'ordre de valeurs.

Car ce que nous recherchons tous c'est la plénitude de l'être qui n'est pas un concept, mais bien notre réalité la plus intime.

« Comment l'être se manifeste-t-il ? Sous quelle forme s'exprime-t-il ? Quels sont les critères nous garantissant que ce que nous considérons comme étant des expressions de cet être, ne sont pas des illusions ? Un critère certain est le fait que notre être exige toujours de nous l'acceptation de la vie totale, telle qu'elle se présente, avec sa douleur et sa souffrance ; et que faisant fi de nos aspirations étroitement égoïstes, il ne tolère aucun repos, aucun arrêt ; bien au contraire, il exige que nous soyons toujours prêts à dépasser le devenu, et même prêts au lâcher-prise, à accepter la mort. L'être tend à un renoncement au moi et aux positions acquises. Ainsi exige-t-il de nous la grande conversion et transformation : la métanoïa. » (K. G. Dürckheim.)

Il appelle « métanoïa » le processus de transformation « qui mène à l'illumination ».

La métanoïa, la conversion, le retournement, nous oblige à accepter l'ambiguïté de l'existence humaine : nous sommes tout à la fois ombre et lumière. Nous sommes capables de bonté, de générosité et d'amour mais nous avons aussi en nous de l'égoïsme, de la violence et de la haine. Dans cette dichotomie, nous cédons facilement à la tentation de l'immobilisme. Nous oublions d'oser, nous nous conformons aux normes du monde croyant y trouver une sécurité. Pourtant, nous aspirons aussi à une autre réalité. Nous ressentons le manque, la nostalgie de quelque chose.

Tout comme nous pouvons concevoir une maison avant tout comme un lieu fermé pour se protéger ou bien comme un espace de vie, de mouvements et de relations.

L'être humain que nous sommes doit à chaque instant choisir entre l'acceptation du statut quo et le changement, la fermeture ou l'ouverture.

Métanoïa signifie « le retournement au-delà de nous », au-delà de l'intellect, de notre raison rationnelle et se rapporte à un mouvement de conversion ou de retournement par lequel l'homme change d'état d'esprit et s'ouvre à plus grand que lui-même en lui-même.

Ce n'est pas un changement de caractère (ex : timide ou impulsif) mais un changement radical de la façon d'interpréter le monde environnant. Ce changement ne consiste pas à collectionner les vertus, la « métanoïa est un revirement total, une métamorphose de la vie et de l'être humain ».

Appel au nouveau, la métanoïa est une ascension pour passer du terrestre au céleste, du conditionné vers la liberté. Tous les prophètes ont crié au peuple : « Changez de vie, changez vos cœurs ; faites-vous un cœur nouveau et un esprit nouveau ». Jean-Baptiste introduit la venue du Christ par un appel à la métanoïa : « Changez vos cœurs car le royaume des cieux est proche » (Mt 3,2).

L'homme enfermé en lui-même, immergé dans les soucis de la vie, s'aliène aux nécessités de la survie. S'installent la peur de manquer, l'angoisse de l'insécurité, la hantise de la solitude, qui trop souvent alourdissent le fardeau du quotidien et éveille une paranoïa. Cette aliénation au monde matériel, c'est le mouvement de l'égocentrisme.

Il y a différents âges psychologiques dans notre vie et chaque âge a son travail. Ceux qui se sclérosent, qui n'évoluent plus, qui s'enferment dans des idées et convictions répétitives ressentent un malaise. Mais je pense, car je l'ai vérifié à travers ma pratique, qu'il n'y a jamais de malaise définitif. À tout moment de notre vie, quels que soient l'étape et l'âge auquel on se situe, il y a la possibilité d'une rédemption, d'une métanoïa. La vie est évolution, elle ressemble à un flux qui nous pousse et nous emporte.

La rupture d'avec l'intime en nous fait que nous devenons étrangers à nous-mêmes et vivons l'autre comme un étranger. Ayant éprouvé le mal de la solitude et ayant à nouveau soif de la relation, une métanoïa peut se produire.

La métanoïa n'est pas de notre propre volonté mais elle est une réponse à l'appel intérieur. C'est une conversion en profondeur de tout l'être : changement de cœur et d'esprit, changement de comportement et de vie, changement d'attitudes et de dispositions intérieures qui s'imposent avec force dans la conscience.

La Philocalie, anthologie classique de textes chrétiens des premiers siècles consacrée à la prière, souligne ce paradoxe étonnant : c'est par le silence qu'on parvient à la transformation. « Quand tu trouveras le silence dans ton cœur, tu découvriras Dieu dans le monde entier. »

La métanoïa, terme employé aussi en sophrologie évolutive désigne un processus de remaniement complet : on meurt à l'ancien pour renaître au nouveau. Ce processus est souvent brusque mais on peut en déceler le cheminement. La sophrologie n'est plus vécue comme une activité, mais comme un art de vivre. La renaissance qui est au terme du voyage, peut préparer l'éveil ou être une conséquence de l'éveil. Cette métanoïa est le « destin » secret de tout homme.

La métanoïa correspond à un changement d'attracteur. Un attracteur est un mode de fonctionnement qui s'impose dans le psychisme.

Et le premier attracteur est l'intellect raisonnant. Cette adulation de la simple logique a conduit au monde du machinisme industriel, de la bureaucratie tatillonne et de l'informatique. La première transformation est le dépassement du pur intellectuel, du pur rationnel qui veut toujours avoir raison.

Pour cela, il faut retrouver le second attracteur de la psyché : le vécu, l'affectif et l'émotionnel. Il a fallu tout une maturation pour comprendre que le cerveau seul est mutilé sans la dimension cœur. Et que la vie relationnelle dans sa complexité apporte plus de satisfaction que la recherche de l'ordre logique ou législatif de la froide intelligence.

Le second retournement a lieu lorsque joue l'attracteur du spirituel. Alors, l'individu se sent attiré par la beauté, la transcendance et le divin. Il peut transformer son Eros en Agapé et passer du désir égocentrique au véritable amour qui est toujours désintéressé et généreux. Le destin de l'humain est son dépassement dans une transcendance. Et c'est alors que se réalise la véritable complétude de son être.

Mais la conversion n'implique qu'un retournement, alors que la métanoïa indique une complète transformation. Elle se produit lors d'un processus mutatif. Il est provoqué lorsque l'individu fait soudain l'expérience d'une force qui le dépasse et qui comble tous ses manques. Il prend contact avec l'illimité, la beauté, la plénitude qu'il cherchait depuis si longtemps. Assez souvent, cela se fait sous forme d'une vision de lumière, d'où le nom d'illumination. Cette lumière, d'où rayonne l'amour, est une rencontre inoubliable qui fait basculer une vie.

Et, très certainement, il ne faut pas moins que la rencontre de l'infini pour calmer tous les manques et panser toutes les blessures. Cette rencontre avec l'infini est lumière. Elle transfigure tout. « Dans la pureté de son cœur, l'homme voit la Lumière invisible comme dans un miroir. » (St Pacôme.)

Les fraternités pythagoriciennes invitaient les élèves à des métanoïas successives à l'aide de rituels d'initiation, qui n'avaient rien de formalistes, mais s'inscrivaient naturellement dans la vie quotidienne.

Je m'en rendis compte avec Nikos qui me soumit en quelques semaines à différentes épreuves pour évaluer mes états de conscience, sans me l'expliquer sur le moment. Il me fallut plusieurs années de recul pour en comprendre le sens. Aujourd'hui, je comprends qu'il utilisait les événements de la vie quotidienne pour me « tester » ou pour m'interpeller sur mes rigidités.

Cet art d'élever la conscience avec amour et sagesse se retrouve aujourd'hui dans l'enseignement de la sophrologie transpersonnelle, qui réunit une méthodologie et une philosophie accessibles à tous.

L'enseignement traditionnel fut autrefois codé dans certains écrits célèbres. Par exemple, l'Apocalypse de St Jean est un texte pythagoricien, hermétique pour la plupart des gens.

Mais notre époque est différente, les subtilités de la conscience et les voies de l'épanouissement doivent être connues et enseignées à tous.

Biosophie : l'art de vivre

Il m'est arrivé une bien étrange aventure à Patmos. Un jour, je perdis ma bourse. Elle contenait la moitié de l'argent que j'avais alors. C'était beaucoup pour moi. Après réflexion, cela ne remit pas en question mon séjour.

Quelque temps plus tard, je montais au monastère St Jean. J'allais méditer un moment dans l'église, admirant les magnifiques fresques et icônes qui ornaient les murs. Il n'y avait qu'un homme assis quelques bancs devant moi. Je fermais les yeux, me concentrais sur mon souffle, entrais dans le silence.

Au bout d'un moment, je perçus que l'homme devant moi se levait et sortait de l'église. Quelques minutes plus tard, mes yeux s'ouvrirent et j'aperçus sur le sol, là où s'était trouvé cet homme, un portefeuille. Spontanément je me retournais, mais l'église était vide. J'attendis quelques minutes puis allais ramasser ce portefeuille. Il contenait de l'argent et quelques papiers pliés, que je ne pus déchiffrer.

Je sortis alors de l'église. Il n'y avait personne. Je me dis alors que l'homme allait tôt ou tard revenir, et je remis le portefeuille sur la chaise dans l'église. Puis je repris ma méditation tout en étant attentif à toute entrée. Mais personne ne vint.

Je dois reconnaître que ce petit incident m'empêcha d'être tout à mes exercices.

Une heure passa, dans le silence. Midi arriva. J'avais déjà bien réfléchi à tout ce que je pouvais faire avec ce portefeuille sans qu'aucune solution ne s'impose.

Laisser le portefeuille là, mais si quelqu'un d'autre arrivait et le prenait ! Aller le porter à la mairie ! Le laisser aux moines du monastère semblait la solution la plus logique. Mais je me disais aussi que c'était peut-être la providence qui me permettait de récupérer l'argent que j'avais perdu. Pourquoi pas ? J'hésitais sur la conduite à tenir.

Mais il me sembla plus juste de le porter aux moines.

Étrangement, le lendemain, Nikos commença un enseignement sur la biosophie.

« *Bios* » signifie « vie » et « *sophia* » veut dire « sagesse ». La biosophie est la connaissance qui favorise une sage conduite de sa vie. Il s'agit donc de l'art de vivre avec sagesse. Elle comprend entre autre l'éthique.

Et le plus étonnant, c'est que deux jours plus tard, Nikos me remit ma bourse, qu'un commerçant lui avait ramenée car je l'avais oublié dans son magasin.

Aujourd'hui, je reste interrogatif sur l'ensemble de ces coïncidences. Engendrées par la providence ou créées par Nikos pour me faire passer un test ? Il aurait pu en être capable, mais je crois aussi que le flux de la vie peut naturellement générer de telles situations.

La biosophie ou sage conduite de sa destinée est une sorte de mode d'emploi de la vie humaine expliquant les étapes, les processus, les défis, que nous avons à vivre sur le chemin de la maturité psychologique et de l'éveil spirituel.

La biosophie étudie particulièrement l'éthique, non pas de façon dogmatique, mais en tant que réponse ajustée aux mouvements de la vie. Elle donne une vision globale pour une compréhension du sens de nos parcours de vie, et en particulier le développement d'une conscience harmonieuse. Elle vise à une interprétation globale de l'existence humaine.

Pythagore, nourri par l'enseignement de Thalès et des prêtres égyptiens, fonda une école dans laquelle se cultivaient autant la musique (harmonie des sons) que la danse (harmonie des gestes), la raison (harmonie des idées) ou l'amitié (harmonie des âmes), par la loi universelle du nombre et de la proportionnalité. Il invitait à une recherche du sens de l'existence, et à une plus juste connaissance de nos relations les uns avec les autres et avec la vie tout entière.

Hippocrate, père de la déontologie médicale dont est toujours repris le fameux serment, s'intéressa beaucoup à l'éthique. On lui attribue l'écriture de soixante livres.

« Guérissez quelquefois gratuitement en ayant comme seul espoir la reconnaissance et l'estime des autres. Si l'occasion se présente, secourez l'indigent et l'étranger car, si vous aimez les Hommes, vous aimerez votre Art. Lorsque vous serez appelés à disserter sur votre travail, n'employez jamais de grands mots et bannissez les discours pompeux Si une maladie vous offre le choix entre plusieurs moyens de guérison, choisissez toujours le plus simple et le plus pratique à appliquer, c'est la voie que doit prendre tout homme éclairé qui ne cherche point à en imposer. » (Hippocrate.)

Platon, disciple de Socrate, dans Lysis fut peut-être le premier à utiliser le mot biosophie, pour expliquer la nécessité d'une éthique afin de bien conduire sa vie,

Il enseignait trois vertus : le courage (ou force intérieure), la tempérance (ou maîtrise de soi) et la sagesse (ou prudence), et en présentait une quatrième qui résultait de l'harmonie des trois précédentes, la justesse (ou juste équilibre en toute chose, ou encore sage conduite de la vie).

La biosophie nous éveille aux liens qui unissent le conscient, l'imaginaire, l'inconscient, et le monde matériel.

Elle propose un savoir bien-vivre avec des attitudes qui nous connectent avec le tout et nous harmonisent avec l'ordre du *kosmos*.

Mais il ne s'agit pas d'une morale qui serait imposée, mais d'une éthique qui s'impose d'elle-même lorsque la conscience est en paix.

Car la biosophie pose en préambule de toute action, la quiétude.

« Sois d'abord en paix, et tu sentiras ce qui est juste ».

La biosophie, c'est donc la soumission au réel, l'adhésion à ce qui est.

En ce sens, elle complète harmonieusement la sophrologie évolutive, dans sa démarche phénoménologique.

La communion

Nikos me fit pratiquer un exercice particulier qu'il appelait la communion.

La communion biosophique permet d'entrer en communication maximale avec la vie, par la méditation.

La communion biosophique est un processus complètement naturel. Il s'agit d'un art méditatif et thérapeutique issu de la tradition pythagoricienne. Le thérapeute, par sa présence paisible et bienveillante, enlève simplement les blocages énergétiques de celui qui reçoit le soin.

Accessible à tous, la communion propose de cultiver un état de présence et de silence intérieur appelé « espace sacré » dans la tradition, ou *sophren* par les sophrologues.

Le praticien qui a stabilisé cette qualité de présence peut entrer en relation tout en maintenant sa conscience dans cet état.

Une relaxation profonde s'installe alors progressivement chez celui ou celle avec qui il est entré en relation. Après quelques minutes, les souffles s'harmonisent. La communion propose donc une relaxation profonde en manifestant simplement qui nous sommes vraiment.

Ce qui est intéressant c'est que l'on permet à quelqu'un de se détendre et en même temps on apprend à se connaître soi-même.

Cette pratique apprend à reconnaître et à accepter son champ de sensations, c'est-à-dire la dimension dans laquelle nos sensations prennent place, notre univers sensitif.

Une personne est allongée, elle est considérée comme le partenaire ou le patient. Le thérapeute, assis à ses côtés, lui touche le bras, ferme les yeux et commence à sentir ce qui se passe en relation avec son partenaire.

Une vivance extraordinaire peut se vivre. Toutes les sensations, impressions et émotions, sont perçues en même temps et, ce faisant, le praticien entre dans un état de conscience particulier, un espace contemplatif neutre au sein duquel le mental s'apaise.

À un moment donné, apparaissent alors des sensations qui tendent à produire une concentration : des résistances qui peuvent provenir des tensions créées par la relation, des préjugés que l'on a, de nos limitations et conditionnements ou des envies de produire une action particulière, ou de mémoires profondes.

En restant neutre, bienveillant et conscient à la fois de l'ensemble des sensations et des résistances, ces dernières finissent par se dissoudre et la relation se modifie. Une relaxation profonde s'installe, les blocages qui produisaient du stress, jusqu'à parfois la maladie, ont été libérés ou transformés.

La communion est un processus complètement naturel. Le thérapeute enlève simplement les résistances qui sont sur le chemin de celui qui reçoit le soin, l'empêchant d'être libre.

Un échange verbal permet ensuite de prendre conscience de ce qui est en jeu dans la situation, et de mettre en lumière une façon d'évoluer vers un état plus harmonieux.

Dans l'acceptation complète et inconditionnelle de ce qui est, s'ouvre un espace thérapeutique exceptionnel.

Précisons qu'il n'y a pas de transfert d'une énergie particulière, mais simplement une ouverture de la conscience permettant au flux de la vie de circuler librement et plus harmonieusement.

Nikos ne m'expliqua pas précisément comment fonctionne la communion biosophique. Cependant, nous pouvons concevoir que dans toute relation intense entre deux personnes, si l'une se transforme, la relation se trouve modifiée d'une manière ou d'une autre, et cela a un effet sur l'autre personne.

Si la bienveillance de l'un est accueillie par l'autre, un relâchement se produit (nous sommes toujours plus ou moins crispés).

Et nous savons que la relaxation favorise l'ouverture au flux de la vie.

J'ai utilisé cette technique en thérapie. Il est étonnant d'observer comment, sans parole, il peut se produire une modification de la conscience, avec des effets corporels en conséquence.

Chez les personnes que j'ai accompagnées, sans autres techniques en complément, se produit un soulagement, une perception et une compréhension nouvelle du problème, ou de la maladie, un accroissement de la vitalité. Et même parfois la « révélation » de la solution à un problème.

Il est indéniable que la communion ouvre la voie à d'importantes transformations.

En pratiquant la communion, je sentais accroître ma flexibilité dans la vie de tous les jours. Une compréhension plus profonde et l'intuition se développèrent, donnant accès à des perceptions nouvelles.

En apprenant à reconnaître mes ressentis, je me rendis compte de mes véritables besoins et de mes attachements illusoires. J'acquis une stabilité intérieure, plus de recul et de neutralité bienveillante. Et surtout, la conscience d'une présence intérieure. Tout sentiment de solitude disparut.

La pratique de la communion fut un chemin parsemé d'enseignements et de découvertes, à travers lequel j'appris à discerner différents niveaux de ressentis. Les bénéfices furent pour moi immenses. Nous acceptons la réalité telle qu'elle est, sans jugement et la moindre petite chose devient riche d'enseignements. Nous devenons de plus en plus proches de qui nous sommes véritablement. Nous basons notre sens de l'identité sur notre propre expérience et non sur des croyances personnelles, familiales, ou sociales.

La communion n'est pas une technique basée sur une initiation rituelle, ou un transfert d'énergie. La vie en chaque individu est reliée à la vie chez les autres.

Lorsque nous découvrons le flux de la vie au fond de nous-même, il n'y a alors plus de manque dans toute cette existence. La vie se manifeste à travers nous. Lorsque nous inspirons, c'est la vie qui inspire en nous, lorsque nous expirons, c'est la vie qui expire en nous. La vie en nous est souffle (*pneuma* en grec).

Ceci est une expérience extraordinaire. Lorsque nous en comprenons le principe, il n'y a rien à faire du tout, tout ce que nous faisons est accompli par la vie.

Je marche, c'est la vie en mouvement, je dors, c'est la vie au repos, je parle, c'est la vie qui s'exprime, je suis silencieux, c'est la vie qui est silencieuse.

Et Nikos ne m'a pas seulement enseigné des techniques. Il m'a aidé à comprendre ce qui se trouve au-delà des techniques : la Vie. Il m'a montré une voie : celle de la communion avec tous les vivants, celle de l'intégration consciente de cet immense flux de vie qui est joie totale, *ananda*.

En vérité, cette ouverture au flux de la vie consiste à être totalement disponible au moment présent dans sa totalité. Et pour le réaliser, il importe d'apaiser le mental afin que la pensée ne perturbe plus l'attention. Lorsqu'aucune perturbation ne parvient à déséquilibrer notre attention, nous percevons le flux de la vie, nous sommes dans ce flux, nous sommes le flux.

Et lorsqu'on est en flux, on perd la notion du temps, la notion du moi disparaît, nous sommes totalement immergés dans le présent. Nous avons tous ressenti cet état de totale connexion. Peut-être à l'occasion d'un sport, d'un spectacle, d'une activité manuelle.

Dans *Les Vers d'or* de Pythagore, il est précisé que « le possible habite près du nécessaire ». Le flux de vie se libère lorsqu'une nécessité se présente ; quand elle a un sens pour nous, et qu'elle mérite d'être réalisée pour rétablir l'harmonie des choses.

La vie est un mystère, la biosophie nous rend plus vivants.

La vie ne peut être enfermée dans aucune loi terrestre, elle coule, elle circule et ne se perd jamais. Elle nous parle toujours en retour, sous une forme ou sous une autre. Impossible d'y échapper.

La plus belle façon de vivre est de ne pas emprisonner la vie, de ne pas l'attacher, de la recevoir simplement sans attente.

Et alors seulement elle fleurit, se multiplie et se répand tout autour de nous.

Il importe de développer l'amour de soi, d'identifier ses émotions profondes, de mieux communiquer et d'augmenter son équilibre relationnel. Cultiver la bienveillance est un impératif de vie. Non pas seulement en mots, mais très concrètement face aux personnes qui nous dérangent.

Dans sa dimension évolutive, la sophrologie s'adresse au cœur, à la vie en nous.

Plus ou moins consciemment, tout le monde cherche la paix et l'amour. C'est à la fois notre nature profonde et notre moteur.

L'amour est ce qu'il y a de plus convoité et de plus méconnu dans tous les rapports humains.

L'amour est une expression extraordinaire de la vie : on ne peut ni le saisir ni le définir, mais on peut le goûter, le sentir et le reconnaître. Doux, puissant ou extatique, il ne laisse aucun doute quant à sa présence. Et quand on aime, la vie se révèle belle. L'amour et la sagesse sont les deux faces d'une même réalité

L'amour nous donne des ailes, dit-on, et rend possible même l'impossible. L'amour correspond à un état de conscience. Et cet état peut être réalisé et amplifié par certains processus de la sophrologie évolutive, comme de l'hésychasme ou de la biosophie.

Tout se complète, tout se rejoint. Tout est déjà là.

La reconnaissance de la *sophia* va s'accomplir lentement, comme une mue.

Sortie de l'obscurité, la lumière va donner vie à un monde qui était déjà là. Cet éveil pourrait aussi avoir un autre nom : la révélation. Les voiles s'estompent avant de laisser apparaître la lumineuse *sophia*.

Nikos n'était-il pas un philosophe, un biosophe, un sophrologue, un hésychaste, un fils de la Sagesse ?

Mais pour arriver à découvrir en lui l'Esprit de Sagesse, il lui a fallu passer par la souffrance, le dénuement, le dépouillement, le vide et accéder à la connaissance qui commence là où la tête ne peut aller.

Peut-on y accéder sans passer par la souffrance, je ne sais pas, mais ce que nous pouvons observer, c'est que la souffrance peut provoquer une blessure dans le cœur, par laquelle la lumière pourra passer. La blessure peut être un chemin de métanoïa. Elle le fut pour moi.

La Voie du cœur

« La voie du cœur commence là où ta tête ne sait pas aller,
là où tes yeux ne savent plus voir,
là où tes oreilles ne savent plus entendre,
en ce chemin des retrouvailles avec qui tu es,
au-delà de tes peurs, de tes doutes, au-delà des apparences,
là où se révèle dans son indicible beauté ton essence-ciel.
La voie du cœur est le chemin vers l'Amour. »

Le mot « amour » est souvent abusivement utilisé pour désigner deux réalités différentes, quasiment opposées, même si elles peuvent être complémentaires. L'amour peut nommer une attraction et un besoin pulsionnel conduisant à vouloir utiliser l'autre, alors que le même mot « amour » indique aussi une ouverture à l'autre, tel qu'il est, avec pour seul projet de le rencontrer et non de l'utiliser.

Le cœur : tel est le mot des philosophes, des poètes, des mystiques, pour exprimer le centre de la vie intérieure.

Le cœur désigne la personne en ce qu'elle a de plus secret et simultanément de plus vulnérable, de plus sensible. La voie du cœur, c'est privilégier l'être.

Le cœur est le lieu de la Source, ce que la voie mystique, ne cesse de chercher : la caverne du cœur, le « Château intérieur » du cœur, c'est le siège de l'âme.

Le mot « mystique » vient d'un terme grec signifiant : « être silencieux ».

La mystique caractérise une approche expérimentale de la transcendance.

Dans l'expérience mystique, la conscience accède à une rencontre directe avec le « divin ». Toute voie mystique, quelle que soit la culture d'où elle est issue, propose l'introspection comme moyen d'atteindre le divin ou la « Vérité ». Ce chemin d'introspection ne se limite pas au mental, comme dans la psychanalyse. On l'appelle la voie du cœur.

Le cœur est le siège de l'âme. La sagesse, la bonté et la compassion viennent du cœur. Le cœur est le lieu de naissance des valeurs humaines comme la Vérité, l'Amour, la Paix.

Le cœur est le lieu de la rencontre avec l'âme, ce que tous les poètes mystiques, ne cessent de décrire.

Nous considérons parfois que le mental est le siège de la conscience, or pour de nombreuses traditions philosophiques ou spirituelles, la conscience se situe dans le cœur. Il ne s'agit pas du cœur biologique, bien sûr, mais d'un espace de conscience qui se trouve « au-delà » du mental.

Il y a l'organe physiologique : le cœur qui bat ; il y a l'organe affectif : le cœur qui aime et qui souffre ; et il y a le cœur spirituel, situé au centre de ton âme, et depuis lequel l'Esprit exerce sa grâce et te revivifie instant après instant.

« Sanctuaire véritable », tel est « le cœur sans pensées mû par l'Esprit. Tout s'y célèbre et s'y exprime » (Grégoire le Sinaïte).

LA GARDE DU CŒUR

L'hésychia évoque le silence et la tranquillité. « Le commencement est d'éloigner tout bruit, parce que le bruit trouble les profondeurs de l'âme. Et sa perfection est de ne craindre aucun trouble et d'y demeurer insensible. » (Jean Climaque.) Pour atteindre cet état, il faut se garder de l'agitation du corps et de la pensée. La pensée réactive distrait du présent, de l'acquisition de la paix du cœur. Selon Jean Climaque, il est nécessaire de toujours « se tenir en éveil, avec courage et intransigeance pour détruire ou repousser les pensées agitées qui surviennent ».

Les *phantasmata* (du grec « image sans consistance ») sont les perturbations, les distractions : un souvenir, un souci, des pensées parasites qui nous donnent la pénible impression que « ça pense en nous ». Certains moines orthodoxes ont décrit leurs problèmes psychiques comme des attaques démoniaques. Sans être spécialiste dans ce domaine, il me semble qu'une connaissance des mécanismes de notre inconscient peut expliquer les mêmes phénomènes d'une autre façon.

La garde du cœur est la pratique de la vigilance avec bienveillance, en ayant une attitude libre d'images et d'affections extérieures. Ce qui s'appelle la pratique de la sobriété chez les pythagoriciens.

La Prière du cœur

C'est l'un des éléments les plus importants de la spiritualité orthodoxe ; elle peut être considérée comme la « perle précieuse » de la spiritualité orthodoxe : « Le royaume des cieux est encore semblable à un marchand en quête de perles fines : en ayant trouvé une perle de grand prix, il s'en est allé vendre tout ce qu'il possédait et il l'a achetée » (Matthieu).

La Prière du cœur a été découverte par un large public grâce aux récits d'un pèlerin russe, qui présentent l'exercice de l'invocation continuelle : concentration sur une parole monologique, c'est-à-dire composée d'une phrase courte, ou d'un mot, indéfiniment répété. Nikos appelait ce mot : Le Nom. Le Nom qui ouvre la porte du cœur. Nom de feu qui embrase la conscience. Cette pratique rassemble et unifie l'esprit, alors que l'abondance des pensées disperse. « Que ce soit un nom seul ou une phrase, cette invocation éveille un feu intérieur qui comme un baume va guérir tes blessures intérieures. » (Nikos.)

Dans la tradition orthodoxe cette parole doit contenir le nom de Jésus. Ainsi le croyant invoque aussi fréquemment que possible son Seigneur, et répond à l'injonction de l'Évangile : « Priez sans cesse ».

« La prière sauvegarde la tempérance, maîtrise la colère, abat l'orgueil, extirpe la rancune [...]. La prière est le bouclier des voyageurs, la garde de ceux qui dorment, la confiance de ceux qui veillent » (Saint Grégoire de Nysse).

Les fruits de l'hésychia : la vision de lumière

La garde du cœur et la Prière du cœur relèvent d'une mystique de lumière. Bien qu'on en trouve des traces chez les Pères du désert, cette mystique décrit des expériences de vision et d'extases lumineuses. L'homme gratifié de ces visions devient lui-même lumineux, tel Moïse descendant du Sinaï précisément.

Nous devons ajouter que la tradition orthodoxe met en garde contre toute recherche de l'extase comme fin en soi. En aucun cas, l'hésychasme ne saurait être considéré comme une « méthode » permettant d'arriver à la déification par nos propres moyens. Il s'agit plutôt d'un processus de purification de la conscience, qui peut préparer à la vision de la lumière, mais n'exclut pas la persévérance et la continuité dans la garde du cœur.

Le cœur est le siège de la conscience dans les spiritualités anciennes. La sagesse et la compassion viennent du cœur. Le cœur est le lieu de naissance des valeurs humaines comme la Vérité, l'Amour, la Paix. « Cherche en toi-même, et cela te conduira à cette Paix du cœur ».

Accéder au lieu du cœur est aussi tout l'objectif de la sophrologie évolutive. Sans la connaissance de soi, comment découvrir le lieu du cœur ?

Sans la quiétude, comment accéder au lieu du cœur ?

« Il y a dans le cœur quelque chose comme une autre conscience, une autre intelligence, une autre présence. Le cœur est le lieu où la paix rayonne et se répand en vagues sereines sur les rivages du monde. »

Le cœur est cet état de conscience appelé en sophrologie : « *sophren* ». C'est un état de bien-être, de paix et d'harmonie, biologique, psychologique et sociologique, c'est-à-dire un état d'harmonie avec soi-même et avec tout ce qui est dans le monde extérieur.

Accéder à la *sophren* est le fruit d'une intégration existentielle harmonieuse.

Mais le cœur est bien souvent fermé, dit-on. Avec patience, il faut donc chercher la clé de ce cœur fermé. « Pour cela tu apprendras à te poser, et à te reposer. Alors tu pourras découvrir cette Paix du cœur et de l'âme [...] cette finalité de tout être [...] cette harmonie parfaite avec ce pour quoi nous sommes faits et ce qui est » (Dr Jésic, sophrologue).

L'hésychia est ce chemin de la tranquillité surnaturelle et de fécondité spirituelle qui se parcourt dans le silence du cœur.

« Mais sache que dans l'illusion tu t'égareras, tant que tu ne verras pas ton frère ou ton maître, chez celui qui te gêne ».

« Trouver le chemin du dedans, conduire jusqu'au centre du cœur, là où l'homme, s'éveillant à soi, s'éveille à Dieu. » (H. Le Saux.)

« Et il importe de bien comprendre que devant la crise qui ébranle la société et les individus, le sanctuaire intérieur n'est pas un refuge et n'offre aucun abri. Il invite à l'évolution et à la métamorphose. La vocation des hommes nouveaux – dont l'ère s'annonce et a déjà commencé – sera d'être vouée au sanctuaire de l'homme intérieur. La nouveauté est que ce « sanctuaire » ne sera plus fréquenté par une très faible minorité choisissant le désert extérieur comme lieu d'élection, mais par un grand nombre vivant parmi la foule tout en se tenant dans le sanctuaire du dedans. » (M. M. Davy.)

La tradition parle donc du cœur, la sophrologie utilise le mot *sophren*, mais il s'agit bien d'un « état » de conscience profonde où vibrent la paix et la plénitude.

Et dans cette quête du cœur, la parole joue un rôle très important.

La sophrologie évolutive propose un cheminement vers le cœur, qui va inclure la méditation, la clarification, et la pratique de la congruence.

La méditation du cœur

C'est une pratique originale de la sophrologie évolutive, qui commence par la relaxation physique afin de permettre au corps de retrouver son état physiologique optimal. Ensuite vient la relaxation mentale qui conduit à un état modifié de conscience.

Méditer permet d'accéder à une conciliation du corps et de l'esprit : à la sérénité, à la quiétude. C'est apprendre à s'ouvrir à soi, au monde et à tout son environnement. Il y a un terme que j'affectionne, particulièrement, la « reliance ». Cela définit cette sensation d'être uni aux autres, aux éléments, à la nature. Comme faire partie d'une grande chaîne... Par la méditation, nous nous apaisons. Ainsi, il devient possible d'apprivoiser ses émotions, d'appréhender et de maîtriser ses propres réactions. Le regard que l'on pose sur soi-même et sur son environnement change. Il devient plus positif, plus harmonieux. Nous pouvons prendre de la distance afin d'être moins perturbés. La conscience plus claire, plus vaste. Méditer avec le cœur conduit à la Quiétude.

La méditation du cœur s'inspire de l'hésychia et s'inscrit tout naturellement dans la démarche de la sophrologie évolutive. Une telle pratique est une ressource intérieure d'une grande richesse spirituelle.

La méditation du cœur conduit à l'éveil des valeurs profondes comme la tolérance, la bonté, le pardon, par exemple. Elle nous reconnecte avec notre propre être véritable. Retrouvant la source de notre unité, les blessures psychologiques se guérissent.

La voie du cœur se parcourt en toute innocence, en toute humilité, en toute tranquillité. On y développe l'art de l'écoute et de la quiétude, donc l'art du silence. On s'y méfie des vains jeux conceptuels de l'esprit parce que cela est source de dispersion mentale.

La voie du cœur peut se définir comme un cheminement intérieur aboutissant à l'unification de l'être. Et ce cheminement a ceci de particulier qu'il ne demande pas d'avancer, de « progresser » par des efforts, mais, au contraire, de lâcher prise, d'abandonner tout effort « personnel » et de simplement s'ouvrir afin de retourner au Cœur originel.

Nous dormons, notre vie ressemble à un rêve. Lorsque notre esprit se réveille, nous découvrons notre vraie nature, peu importe combien de temps nous avons dormi. Lors de l'éveil, nous percevons la vie sous un angle différent. Chaque événement de la vie prend sa signification très rapidement, sans effort ou sans drame. Tout comme dans un film, nous savons que ce que nous voyons sur l'écran n'est qu'un jeu.

Tout ce qui a un début a une fin. Après être resté neuf semaines auprès de Nikos, je repris la route, ou plutôt la mer, car on ne quittait Patmos qu'en bateau.

Ces semaines furent une période de retraite et d'entraînement intensif. Beaucoup d'émotions s'y vécurent, souffrance et joie s'y succédèrent.

J'appris à écouter, à ressentir, à m'ouvrir réellement. Mais je ne pouvais garder pour moi le trésor découvert.

Le retour au monde, ou plutôt au service du monde, s'inscrit comme une évolution naturelle. Comme le dit un père orthodoxe : « Après une longue purification dans la solitude, l'hésychaste, guéri de toutes ses maladies, revient auprès des hommes. » (Ammonas.)

Au moment du départ, sur le seuil de sa maison, Nikos m'a regardé de longues secondes, d'un regard de feu. Ce regard s'est imprimé en moi comme un cadeau unique. Il ne s'est rien passé de transcendant, mais dans ses yeux j'ai vu l'infini. Puis il s'est reculé, le visage souriant, il me donna un petit médaillon triangulaire et me dit : « Je te confie le Nom, comme signe d'amour. Ce sera un peu de moi auprès de toi. Qu'en ton cœur grandisse le Nom, il sera ta force et ta lumière, par lui tu traverseras le désert et tu caresseras les étoiles ».

Sur le bateau, qui me ramenait au continent, je me sentais léger, je me sentais rempli, réellement, comme par le sentiment amoureux qui emplit deux personnes. J'étais en effet amoureux. Amoureux de la vie dans toute sa plénitude.

Au fil des jours, j'ai murmuré le Nom. J'ai vécu avec sobriété et gardé la Quiétude.

Ouvre ton cœur

Dans le jaillissement

Ouvre ton cœur à la beauté d'un regard, d'une fleur ou d'une icône.

Ouvre ton cœur à la profondeur d'un chant sacré.

Ouvre ton cœur aux étoiles, au flux et au reflux de la mer.

Ouvre ton cœur à tes rêves les plus secrets, à tes souhaits les plus intimes.

Ouvre ton cœur à l'immense gisement d'amour qui demeure au fond de ton être.

Dans l'acceptation

Ouvre ton cœur à l'enfant blessé qui gémit en toi.

Ouvre ton cœur à ta mère et à ton père, et pardonne-leur leur manque ou leur trop-plein d'amour.

Ouvre ton cœur à l'Ombre, à cette partie incontrôlable et inachevée de toi-même.

Ouvre ton cœur à tes « ennemis » : l'imprévu, la maladie, le doute, les complexes, la peur.

Accorde ton pardon à tous ces « ennemis » dont tu crois subir les « attaques » parce que tu ne sais vivre que sur la défensive, le cœur endurci, les mâchoires serrées.

Or, là où il y a crispation, il y a ego ; et là où il y a ego, il y a enfermement.

Ouvre ton cœur à la béance mystique, au vertige de ton néant devant l'Absolu.

Dans la tranquillité

Au cœur de ton Cœur,

ni trouble, ni agitation, ni manque, ni recherche, ni déchirement.

Au cœur de ton Cœur, il n'y a plus que Paix, Plénitude, Tranquillité, Repos.

Joie spontanée et sereine.

Au cœur de ton Cœur s'étend le Royaume secret de l'infinie Quiétude.

Sagesse grecque

Qu'est-ce que la Sagesse ?

Du grec *sophia* : juste connaissance des choses, bonne conduite, sérénité ;

Du latin *sapienta* : jugement, prudence ; *sapere* : goûter « avoir du jus, être savoureux » et de *sapa* : la sève : « sentir, avoir du flair ». Elle caractérise celui qui est en accord avec lui-même et en cohérence avec la vie, heureux.

La sagesse chez les Grecs est un savoir-vivre. Elle est l'expression d'une connaissance intime de l'être. Cette connaissance intime est universelle. Le terme de philosophie universelle, *philosophia perennis*, désigne la science des principes qui organisent la vie et d'une manière plus globale le *kosmos*. Dans l'Antiquité, la philosophie n'était pas un discours, mais une quête de la vie bonne, un apprentissage de la sagesse. La *philosophia perinnis* est ce fond de sagesse qui est commune à toutes les cultures, la nature de la réalité éternelle.

L'enseignement de la sophrologie évolutive s'enracine dans la *philosophia perinnis* : cette sagesse éternelle qui est l'expression de l'humanité. Elle y adjoint une méthodologie simple et pratique, accessible à tous.

Cela est important : être accessible à tous, pouvoir s'adapter à toute personne, à l'extraverti et à l'introverti, au croyant et à l'athée, à l'enfant et à la personne âgée, à l'intellectuel et à l'affectif...

Dans toutes les grandes traditions du monde, tant occidentales qu'orientales, il existe une structure profonde sous-jacente commune qui émerge par-delà les différences de surface, même si les cultures, mythologies, déités semblent très diverses au premier coup d'œil.

Dans toutes les grandes traditions, le monde est conçu comme un grand vivant. Il s'agit d'un monde ordonné et stable qui reflète les lois cosmiques auxquelles les hommes sont soumis, comme l'enseignait Pythagore. Il s'agit d'un *kosmos* vibrant de vie. Et l'être humain reflète l'être universel par son âme.

L'âme n'est pas quelque chose... c'est un Espace... un Ouvert !.... Un Ouvert qu'il convient de garder libre...

Le *Phèdre* de Platon présente l'âme humaine comme un char ailé, composé d'un cocher et de deux chevaux : l'un, excellent, tire le char vers le haut, l'autre, médiocre, le tire vers le bas. Lorsque le premier est le plus fort, l'âme devient divine, et ses ailes sont plus développées ; lorsque c'est le second qui domine, l'âme reste embourbée dans le corps, et ses ailes sont anémiées. Le lieu le plus élevé que l'âme puisse atteindre, si le cocher sait dompter le mauvais cheval, c'est le lieu, où sont connues la justice en soi, la beauté en soi, etc. Ce lieu est celui où se nourrit l'âme. Parce que l'attelage est toujours imparfait, l'âme s'élève et rechute sans cesse, témoignant de la difficulté de l'étude philosophique, de la force de distraction que représentent les choses corporelles.

Le *Phédon* présente par une image frappante le contraste du lieu naturel de l'âme et du piège qu'est pour elle le sensible. Nous sommes, dit Platon, comme des hommes qui habiteraient sous la mer, pour qui tout est trouble, qui prennent la mer pour le vrai ciel, qui vivent dans un bourbier de vase et un décor rongé par le sel marin. Si nous pouvions surmonter notre paresse et regagner la surface, nous verrions la lumière véritable, et la beauté des choses du monde terrestre.

Dans *Charmide*, Platon écrit : « On ne doit pas entreprendre de guérir les yeux sans avoir guéri la tête, on ne doit pas non plus le faire pour la tête sans s'occuper du corps, de même on ne doit pas davantage chercher à guérir le corps sans chercher à guérir la psyché ; si la plupart des maladies échappent à l'art des médecins de la Grèce, la cause en est qu'ils méconnaissent le tout dont il faut prendre soin, ce tout sans le bon comportement duquel il est impossible que se comporte bien la partie. C'est dans la psyché en effet que, pour le corps et pour tout l'homme, les maux et les biens ont leur point de départ ; c'est de là qu'ils émanent, comme émanent de la tête ceux qui se rapportent à la vue ; c'est par conséquent à ces maux et à ces biens de la psyché que doivent s'adresser nos premiers soins et nos soins principaux, si nous voulons que se comportent comme il faut les fonctions de la tête et celles du reste du corps. Or, c'est par des incantations, bienheureux ami, que l'on soigne la psyché ; ces incantations ce sont les discours qui contiennent de belles pensées ; or les discours qui sont de telle sorte font naître dans la psyché une sagesse morale, dont l'apparition et la présence permettent dorénavant de procurer aisément la bonne santé à la tête comme au reste du corps. »

Pour Nikos, la sagesse est la science du bonheur qui se découvre à celui qui cherche l'âme. Il pouvait utiliser un langage très précis, philosophique pour parler des réalités intérieures, mais comme beaucoup de sages orientaux, il aimait aussi utiliser des histoires simples et des paraboles. En voici quelques-unes.

***

Amos va chez le coiffeur pour couper ses cheveux et sa barbe, et commence par avoir une bonne conversation avec le coiffeur qui l'écoute attentivement. Ils parlent ainsi ensemble de tant de sujets variés.

Soudain, ils évoquent le sujet du bonheur.

Le coiffeur dit : « Voyez-vous mon bon monsieur, je ne pense pas que le bonheur existe comme vous semblez tant le dire ».

— « Pourquoi dites-vous ça ? » demande Amos.

— « Bon, c'est très simple, il vous suffit d'aller dans la rue pour vous rendre compte que le bonheur n'existe pas. Dites-moi, si le bonheur existait pourquoi il y aurait tant de gens si tristes ?

Amos s'arrête un moment de penser, mais il ne veut pas répondre tant qu'il n'a pas trouvé un bon argument.

Pendant que le coiffeur s'active, Amos voit un homme dans la rue avec de très longs cheveux et une barbe dans un piteux état.

— « On dirait qu'il y a des gens qui ne savent pas que les coiffeurs existent ».

— « C'est stupide, répond le coiffeur, moi je suis ici et je suis coiffeur, et il y en a un autre dans la rue voisine ».

— « Non ! s'exclame Amos. Vous n'existez pas sinon il n'y aurait pas des gens avec de longs cheveux et de la barbe comme cet homme dans la rue ».

— « Ah, si j'existe bel et bien, mais ceux qui ont les cheveux longs ne viennent tout simplement pas me voir. »

— « Exactement ! affirme Amos. C'est le point fondamental, c'est pour cette raison qu'il y a tant de peines et de souffrances dans le monde. Le bonheur existe bel et bien, mais ce sont les gens qui ne vont pas vers lui et n'entrent pas dans sa boutique. »

***

La vie extérieure manifeste souvent ce que nous vivons en nous-mêmes.

Deux ermites s'étaient rencontrés un dimanche après-midi. Après avoir marché un bon moment, ils s'assirent en silence, chacun sous un arbre. L'un des deux se retrouva rapidement entouré de lapins et l'autre non.

Celui qui n'avait pas de lapins autour de lui dit à l'autre :

— « Tu es un saint ! C'est incroyable ! Tous les lapins sont autour de toi, tandis que moi, ils me fuient. Quel est ton secret ?

— Je n'ai pas de secret. Je ne mange pas de lapin. C'est tout. »

***

Astérius roi de Crête et son ministre étaient allés incognito à la chasse, lorsqu'Astérius se blessa au doigt. Voyant cela, le ministre ne put s'empêcher de dire : « Tout est pour le mieux, ô mon roi ». Fou de colère, le roi l'emmena près d'un puits.

— « Je m'en vais te jeter dans ce puits, hurla-t-il, qu'en penses-tu ? »

— « Tout est pour le mieux » répondit le ministre, imperturbable.

Le roi le jeta alors dans le puits et repartit chasser.

Soudain, alors qu'il poursuivait une bête, il se retrouva cerné par des brigands. Astérius fut saisi, garrotté et traîné jusqu'au campement des brigands. Là, plusieurs autres individus étaient enfermés, prêts à être vendus comme esclaves.

Mais lorsque les brigands virent que le roi était blessé à la main, ils réalisèrent que ce n'était pas le bon moment pour le vendre, et se désintéressèrent de lui. Ravi d'être encore vivant, le roi se souvint des paroles de son ministre et, ayant réussi à s'échapper, il retourna pour aider son ministre à sortir du puits. Il lui conta son aventure, en approuvant son « tout est pour le mieux », car, sans son doigt blessé, il ne serait plus là.

« Ton « tout est pour le mieux » s'est révélé juste pour moi. Mais comment le justifies-tu pour toi ? »

Le ministre s'empressa de lui répondre : « Seigneur, si vous ne m'aviez pas poussé dans le puits, j'aurais été capturé et vendu. Voilà pourquoi, pour moi aussi, tout est pour le mieux ».

***

Un des signes de la sagesse est certainement l'absence d'inquiétude.

Les justifications de cette absence d'inquiétude peuvent être diverses. « La sagesse consiste en une seule chose : connaître le *logos* qui agit toujours et partout » (Héraclite). En Inde, la sagesse désigne spécifiquement la connaissance d'une réalité transcendante. Mais aussi : « Est sage celui qui a vaincu ses désirs » disent les yogis.

Pour Nikos, la sagesse était un fruit de l'écoute. La connaissance parle, la sagesse écoute. Écoute du son d'une voix, écoute du vent dans les arbres, des vagues sur le rivage, du silence de la nuit, de la musique…

Pythagore et Platon enseignaient que tout était musique dans l'univers. Pour Pythagore, à la fois mathématicien, médecin et musicien, « la musique est nombre, le monde est musique, le cosmos est une lyre sublime à sept cordes ».

Selon Platon, la vie entière de l'homme est dominée par l'harmonie et le rythme ; la musique a la force de mouvoir et d'émouvoir l'âme ; aussi est-elle indispensable à son éducation. Comme le spécifiait si bien Pausanias : « Pour le corps, nous avons la gymnastique et pour l'âme la musique ». C'est pourquoi Platon attache une grande importance au rôle de la musique dans l'éducation de la jeunesse.

De nos jours, certains scientifiques soutiennent que le son habite le cœur de l'atome. À l'intérieur de celui-ci, se loge un son aigu, des douzaines d'octaves au-dessus de la note la plus haute produite par un violon.

Les Grecs considéraient la santé comme la plus pure harmonie entre le corps et l'âme. La maladie n'est donc qu'une dysharmonie entre ces deux composants. Étant ordre et harmonie, la musique rétablit cet équilibre.

Pythagore employa le premier la musique pour guérir les malades. Zalmoxis, médecin philosophe de l'Antiquité, disait que l'on ne devait jamais, en guérissant, oublier l'âme et qu'il fallait rappeler à celle-ci le calme et la sérénité par la musique. Elle détourne l'âme des sensations qui l'affectent. Ainsi, la folie était traitée par le chant et la musique instrumentale. Des documents retrouvés à Delphes attestent l'utilisation de certains chants et thèmes musicaux à des fins apaisantes, « sécurisantes ». Ainsi écouter certaines musiques a un effet thérapeutique, c'est une expérience que nous faisons facilement.

La Quiétude se déploie avec notre aptitude à écouter. Écouter, c'est laisser tomber vraiment tout ce qui nous occupe l'esprit pour donner du temps à la vie en soi. C'est comme une promenade avec un ami : marcher à son pas, proche mais sans gêner, se laisser conduire par lui, s'arrêter avec lui, repartir avec lui, sans but, ni attente, librement.

Écouter, c'est être disponible, c'est prendre du temps pour ressentir.

Écouter, c'est s'ouvrir à la vie. C'est accueillir ce qui vient, et laisser passer.

L'écoute est la première attitude spirituelle que doit cultiver l'hésychaste.

C'est aussi l'aptitude exigée du néophyte avant d'être accepté dans la fraternité pythagoricienne. L'écoute dans la fraternité est la condition pour percevoir la musique des sphères, l'harmonie du *kosmos*.

Cet univers est créé sur un ensemble de lois qui maintiennent son équilibre. Et la conscience humaine s'épanouit à mesure qu'elle perçoit ces forces d'harmonie.

C'est dans son cœur qu'il faut créer les conditions de l'écoute. Les philosophes disent que le premier pas vers la sagesse est l'écoute. Et c'est ce que demandait le sage roi Salomon : « Un cœur qui écoute » (I Rois 3). L'écoute écarte les préoccupations, les difficultés, la tentation de se parler à soi-même pour ne faire place qu'à la voix intérieure.

Tout parcours spirituel commence par l'écoute, jusqu'à la perception de l'insondable silence. La sophrologie nous apprend à écouter notre corps.

Nikos, en tant que pythagoricien prenait soin du corps, de sa nourriture, de son hygiène de vie. Il ne faut pas oublier que Pythagore fut un champion olympien.

Les philosophes grecs sont souvent aussi poètes et musiciens. Ils ne peuvent concevoir un penseur qui ne soit aussi amoureux des arts. Leur pays chaud aide à contempler les étoiles, et à s'émerveiller sur la beauté du monde. La contemplation de la nature de l'univers caractérise les pythagoriciens.

Le sage contemple la beauté du monde et recherche le beau dans la simplicité du quotidien. Il cultive la sérénité comme préalable à toute réflexion logique.

Et selon les préceptes pythagoriciens, la pratique de l'hésychia, l'examen de ses pensées et l'attention à ce qui nous entoure permet un éveil de la conscience.

Pythagore proposait à tous de revoir les points positifs d'une journée et de préparer la suivante dans un vouloir d'apaiser le corps et l'âme. C'est une construction mentale du mieux-être, du mieux-vivre et de l'harmonie.

La conscience de fraternité avait aussi une grande importance pour Nikos. Tout en vivant seul, il avait un réseau de relations très intimes « des frères et des sœurs de cœur » disait-il, avec qui il partageait de profondes valeurs. La fraternité étant un reflet de l'harmonie du *kosmos*, et un sacré moyen d'assouplir son ego.

Au cours de l'histoire, le pythagorisme a pris différentes couleurs, pour échapper aux diverses persécutions. Cette sagesse a influencé des artistes, des scientifiques, des philosophes, des mystiques de diverses cultures. Pythagore avait beaucoup voyagé, et synthétisé judicieusement l'ensemble de ses connaissances. Il fut un précurseur, un maître, un savant, un éducateur. Il est le premier à avoir utilisé le mot « philosophie ». Ne voulant être nommé « sage », il se disait « amoureux de la sagesse ».

La sophrologie évolutive, avec lui, reconnaît que la vie humaine suit un processus de révélation progressive ou d'éveil évolutif qui conduit à la sagesse.

L'association de ces deux derniers mots « éveil évolutif » semble s'opposer aux paroles de nombreux sages éveillés, si l'on en reste à la surface des choses. Il est vrai que l'éveil spirituel nous faisant sortir du temps est une expérience intemporelle. Il est vrai aussi que l'éveil n'est pas le résultat d'un effort de l'ego, ni d'un désir, ni d'une habileté mentale ou énergétique. Mais il semble que l'éveil apparaisse lorsque tout ce qui rigidifiait l'ego s'évanouit. Et cela demande de réaliser que tout notre fonctionnement n'est que fermeture, protection, refus, fuite. Par cette prise de conscience, quelque chose de nouveau peut se produire. Lorsque je vois l'absurdité de mon existence gouvernée continuellement par la peur alors peut apparaître une ouverture nouvelle à la vie.

Mais trop souvent nous refusons de voir, et allons même jusqu'à justifier et défendre nos peurs. C'est étonnant à observer, parfois amusant ou dramatique.

La démarche de la sophrologie évolutive est de comprendre l'expérience humaine depuis la perspective de l'éveil lui-même, des premiers stades du développement de l'ego jusqu'à la vision impersonnelle du Soi. Serait-il alors possible d'envisager une voie qui puisse être universelle, comme l'avait cherché Pythagore. Une voie qui puisse accompagner tout individu, qui relierait l'écologie, l'éthique, la psychologie, la musique, la médecine et intégrerait toutes les sciences dans une perspective harmonieuse !

***

— « Puissiez-vous laisser parler l'enfant qui demeure en vous ! » chanta l'Artiste.

— « Puissiez-vous vaincre vos peurs ! » rétorqua le Guerrier.

— « Puissiez-vous entendre le silence qui est tout ! » chuchota l'Ermite.

— « Puissiez-vous transformer votre Ombre en Lumière ! » déclara l'Alchimiste.

— « Puissiez-vous découvrir en vous l'Amour ! » souhaita le Mystique.

— « Puissiez-vous ouvrir votre cœur ! » clama le Saint.

— « Puissiez-vous être Un ! » annonça le Sage.

— « Puissiez-vous réaliser l'harmonie ! » suggéra le sophrologue.

De nos jours, les pythagoriciens suivent davantage un mode de vie qu'une croyance particulière. Ils ne sont pas dépositaires d'une doctrine, mais recherchent l'harmonie avec une grande acuité, dans tous les aspects de leur vie. D'une façon générale, ils pourraient être considérés comme les premiers écologistes holistiques, prônant une liberté, une sobriété et une vision globale de la vie.

Les Vers dorés de Pythagore

Ces vers sont la base de la morale et des principales règles de conduite chez les pythagoriciens. Il y avait un précepte demandant à chacun(e) de se faire lire ces vers matin et soir. Ils sont supposés avoir été écrits par Pythagore, mais les historiens estiment qu'ils seraient plutôt l'œuvre d'un disciple du maître. Ils sont peut-être difficiles à lire mais témoignent d'un enseignement de haute valeur.

« Honore en premier lieu les Dieux immortels dans l'ordre qui leur fut assigné par la Loi. Respecte le Serment. Honore ensuite les Héros glorifiés. Vénère aussi les Génies terrestres, en accomplissant tout ce qui est conforme aux lois. Honore aussi et ton père et ta mère et tes proches parents. Entre les autres hommes, fais ton ami de celui qui excelle en vertu. Cède toujours aux paroles de douceur et aux activités salutaires. N'en viens jamais, pour une faute légère, à haïr ton ami, quand tu le peux : car le possible habite près du nécessaire. Sache que ces choses sont ainsi, et accoutume-toi à dominer celles-ci : la gourmandise d'abord, le sommeil, la luxure et l'emportement. Ne commets jamais aucune action dont tu puisses avoir honte, ni avec un autre, ni en ton nom particulier. Et, plus que tout, respecte-toi toi-même. Pratique ensuite la justice en actes et en paroles. Ne t'accoutume point à te comporter dans la moindre des choses sans réfléchir. Mais souviens-toi que tous les hommes sont destinés à mourir, et parviens à savoir tant acquérir que perdre les biens de la fortune. »

À l'égard de tous les maux qu'ont à subir les hommes de par le fait des arrêts augustes du Destin, accepte-les comme le sort que tu as mérité ; supporte-les avec douceur et ne t'en fâche point. Il te convient d'y remédier, dans la mesure que tu peux. Mais pense bien à ceci : que la Destinée épargne aux gens de bien la plupart de ces maux. Beaucoup de discours, lâches ou généreux, tombent devant les hommes ; ne les accueille pas avec admiration, ne te permets pas de t'en écarter. Mais si tu vois qu'on dit quelque chose de faux, supporte-le avec patience et douceur. Quant à ce que je vais te dire, observe-le en toute circonstance.

Que jamais personne, ni par ses paroles ni par ses actions, ne puisse jamais t'induire à proférer ou à faire ce qui pour toi ne serait pas utile. Réfléchis avant d'agir, afin de ne point faire des choses insensées, car c'est le propre d'un être malheureux de proférer ou de faire des choses insensées. Ne fais donc jamais rien dont tu puisses avoir à t'affliger dans la suite. N'entreprends jamais ce que tu ne connais pas ; mais apprends tout ce qu'il faut que tu saches, et tu passeras la vie la plus heureuse. Il ne faut pas négliger la santé de ton corps, mais avec mesure lui accorder le boire, le manger, l'exercice, et j'appelle « mesure » ce qui jamais ne saurait t'incommoder. Habitue-toi à une existence propre, simple ; et garde-toi de faire tout ce qui attire l'envie. Ne fais pas de dépenses inutiles, comme ceux qui ignorent en quoi consiste le beau. Ne sois pas avare non plus : la juste mesure est excellente en tout. Ne prends jamais à tâche ce qui pourrait te nuire, et réfléchis avant d'agir. Ne permets pas que le doux sommeil se glisse sous tes yeux, avant d'avoir examiné chacune des actions de la journée.

En quoi ai-je fauté ? Qu'ai-je fait ? Qu'ai-je omis de ce qu'il me fallait faire ? Commence par la première à toutes les parcourir. Et ensuite, si tu trouves que tu as commis des fautes, reprends-toi mais, si tu as bien agi, réjouis-toi. Travaille à mettre ces préceptes en pratique, médite-les ; il faut que tu les aimes, et ils te mettront sur les traces de la vertu divine, j'en jure par celui qui transmit à notre âme le sacré Quaternaire, source de la Nature dont le cours est éternel. Mais ne commence pas à prendre à tâche une œuvre sans demander aux Dieux de la parachever. Quand tous ces préceptes te seront familiers, tu connaîtras la constitution des Dieux immortels et des hommes mortels, tu sauras jusqu'à quel point les choses se séparent, et jusqu'à quel point elles se rassemblent. Tu connaîtras aussi, dans la mesure de la Justice, que la Nature est en tout semblable à elle-même, de sorte que tu n'espéreras point l'inespérable, et que plus rien ne te sera caché.

Tu sauras encore que les hommes choisissent eux-mêmes et librement leurs maux, misérables qu'ils sont ; ils ne savent ni voir ni entendre les biens qui sont près d'eux. Peu nombreux sont ceux qui ont appris à se libérer de leurs maux. Tel est le sort qui trouble les esprits des mortels. Comme des cylindres, ils roulent çà et là, accablés de maux infinis. Innée en eux, en effet, l'affligeante discorde les accompagne et leur nuit sans qu'ils s'en aperçoivent ; il ne faut point la provoquer, mais la fuir en cédant. Ô Zeus, notre père, tu délivrerais tous les hommes des maux nombreux qui les accablent, si tu montrais à tous de quel génie ils se servent Mais toi, prends courage, puisque tu sais que la race des hommes est divine, et que la Nature sacrée leur révèle ouvertement toutes choses. Si elle te les découvre, tu viendras à bout de tout ce que je t'ai prescrit ; ayant guéri ton âme, tu la délivreras de ces maux. Mais abstiens-toi des aliments dont nous avons parlé, en appliquant ton jugement à tout ce qui peut servir à purifier et à libérer ton âme. Réfléchis sur chaque chose, en prenant pour cocher l'excellente Intelligence d'en haut. Et si tu parviens, après avoir abandonné ton corps, dans le libre éther, tu seras dieu immortel, incorruptible, et à jamais affranchi de la mort ».

Exercices de sophrologie

Éveil du ressenti

Installez-vous bien confortablement, assis ou allongé

Sentez l'alignement de votre corps, de la tête, du tronc et des jambes.

Relâchez votre visage : front, joue, mâchoire, lèvres...

Prenez deux grandes respirations, puis relâchez-vous.

Respirez calmement.

Sentez l'ensemble de votre corps qui s'assouplit.

Respirez plus lentement et plus profondément, à votre rythme, sans effort, pendant deux minutes avec de longues expirations.

Puis relâchez vos bras, vos jambes, vos paupières, tout votre corps.

Répétez mentalement : « Je suis calme et tranquille », ou toute autre parole qui vous inspire et vous détend, tout en goûtant toutes vos sensations.

Éveil de l'intention positive

Laissez-vous aller plus profondément à la détente, relâchez-vous sur vos expirations.

Laissez venir un sentiment de calme, de bien-être.

Vous êtes simplement attentif à vous-même, à vos sensations, vos sentiments.

Accueillez l'instant présent sans rien faire.

Détendez-vous encore un peu.

Éveillez dans votre cœur une intention de bienveillance, prenez le temps d'amplifier cette sensation. Ressentez-la dans chaque partie de votre corps.

Laissez-la rayonner tout autour de vous comme des ondes ou des vibrations qui emplissent l'atmosphère qui vous entoure.

Relâchez-vous plus profondément.

Goûtez et savourez ce que vous ressentez.

Lexique de sophrologie

Activation intrasophronique : Procédé mis en action pendant la sophronisation pour stimuler de façon positive les structures de la conscience.

Alliance sophronique : Relation existant entre le sujet et le sophrologue pendant la pratique des méthodes sophroniques.

Anamnèse : Interrogation que le sophrologue dirige auprès de son patient afin de s'informer sur l'histoire événementielle, en évitant de s'enfermer dans un regard négatif.

Clarification : Technique de découverte des contenus inconscients. Inspirée de la maïeutique socratique, elle se pratique en état de relaxation.

Conscience sophronique : État de conscience vécu pendant le processus de relaxation et modification psychique progressive obtenue grâce à l'entraînement sophrologique.

Désophronisation : Fin du processus de sophronisation pendant laquelle la personne revient à son niveau de vigilance ordinaire.

Dialogue postsophronique : Conversation après la désophronisation.

E.M.C. : État modifié de conscience.

Entraînement sophronique : Période d'importance fondamentale et spécifique au cours de laquelle le sujet pratique les méthodes sophroniques.

Époké : La suspension du jugement, la démarche de mise de côté (peut-être provisoire) des certitudes, des problèmes.

Hypermnésie sophronique : Qualité de la mémoire qui se trouve augmentée dans certains cas de sophronisation.

Méditation : Processus d'écoute intérieure, d'attention aux contenus de l'esprit et d'exploration des profondeurs de la conscience.

Niveau sophroliminal : Niveau de conscience entre la veille et le sommeil. Cette phase, très sensible, est utilisée de façon positive au cours de la sophronisation pour renforcer les structures de la conscience.

Phénomène sophronique : Toute manifestation vécue ou observée au cours de la sophronisation.

Principe d'action positive : Toute action positive dirigée vers la conscience se répercute positivement sur tous les éléments de la psyché.

Principe de la réalité objective : Le sophrologue doit se rendre compte de son propre état de conscience, de l'état de conscience du sujet qu'il entraîne et du rôle qu'il joue par sa propre réalité face à son malade.

Relaxation dynamique : Technique basée sur le mouvement.

Schéma corporel : Perception et sensation que l'on a du corps.

Schéma existentiel : Conscience que l'on a de nos valeurs fondamentales et de notre vision de l'avenir en tant qu'individu.

Sophren : État de conscience pleinement harmonieux, correspondant à un profond repos avec une vigilance maintenue. Cet état procure d'intenses satisfactions. On pourrait le nommer « béatitude ».

Sophromnésie : Mot désignant les phénomènes particuliers de la mémoire se produisant au cours de la sophronisation.

Sophronisation : Processus qui mène à la modification des niveaux d'états de conscience vers le niveau sophroliminal.

Sophropédagogie : C'est l'utilisation des différentes méthodes sophroniques pour favoriser l'apprentissage (sport, langues étrangères).

Terpnos logos : La manière qu'a le sophrologue de parler lorsqu'il dirige une sophronisation, manière fondée sur le ton harmonique, le rythme lent et le langage non directif.

Vivance : L'expérience vécue ou le vécu de l'expérience. C'est le phénomène vécu consciemment. C'est le goût du vécu. La sensation de vie au cœur de l'expérience. Elle ne s'explique pas, elle se vit.

TABLE DES MATIÈRES

Cet ouvrage a été imprimé par
l'Imprimerie France Quercy - 46090 Mercuès
N° d'impression : 01653C/ - Dépôt légal : septembre 2010

Imprimé en France